A DIFERENÇA NA LITERATURA INFANTIL:

narrativas e leituras

Rosa Hessel Silveira
Edgar Roberto Kirchof
Gládis Kaercher
Iara Tatiana Bonin Liebgott
Maria Isabel H. Dalla Zen
Carolina Hessel Silveira
Daniela Ripoll
Letícia Fonseca Richthofen de Freitas

1ª edição
São Paulo, 2012

COORDENAÇÃO EDITORIAL: Lisabeth Bansi
CONSULTORIA TÉCNICA: ALB – Associação de Leitura do Brasil
Diretoria Biênio 2011-2012 – Presidente: Antonio Carlos Amorim
ASSISTÊNCIA EDITORIAL: Paula Coelho
PREPARAÇÃO DE TEXTO: Ana Catarina Miguel F. Nogueira
COORDENAÇÃO DE PRODUÇÃO GRÁFICA: Dalva Fumiko N. Muramatsu
COORDENAÇÃO DE EDIÇÃO DE ARTE: Camila Fiorenza
PROJETO GRÁFICO/CAPA: Camila Fiorenza
DIAGRAMAÇÃO: Michele Figueredo
COORDENAÇÃO DE REVISÃO: Elaine Cristina del Nero
REVISÃO: São Sebastião Serviços Editoriais
COORDENAÇÃO DE BUREAU: Américo Jesus
PRÉ-IMPRESSÃO: Helio P. de Souza Filho, Marcio H. Kamoto
COORDENAÇÃO DE PRODUÇÃO INDUSTRIAL: Wilson Aparecido Troque
IMPRESSÃO E ACABAMENTO: Digital Page

Dados Internacionais de Catalogação na Publicação (CIP)
(Câmara Brasileira do Livro, SP, Brasil)

A diferença na literatura infantil : narrativas e
leituras. / Rosa Hessel Silveira... [et al.]. -- 1. ed. --
São Paulo : Moderna, 2012.

Outros autores: Edgar Roberto Kirchof, Gládis Kaercher,
Iara Tatiana Bonin Liebgott, Maria Isabel H. Dalla Zen,
Carolina Hessel Silveira , Daniela Ripoll, Letícia Fonseca
Richthofen de Freitas

ISBN 978-85-16-08233-8

1. Crianças - Livros e leitura 2. Diferenças
individuais 3. Ensino fundamental 4. Literatura
infantil 5. Literatura infantil - Estudo e ensino
6. Pedagogia 7. Professores - Formação.

12-01808 CDD-371.3

Índices para catálogo sistemático:
1. Literatura infantil e diferenças :
Narrativas e leituras : Ensino fundamental :
Educação 371.3

EDITORA MODERNA LTDA.
Rua Padre Adelino, 758 – Belenzinho
São Paulo – SP – Brasil – CEP 03303-904
Vendas e Atendimento: Tel. (011) 2790-1300
Fax (011) 2790-1501
www.modernaliteratura.com.br
2014
Impresso no Brasil

Dedicatória

Dedicamos este livro a todas as crianças do Projeto que, com sua participação, vivacidade e interesse pelas atividades propostas, enriqueceram nosso olhar e mostraram a multiplicidade de leituras possíveis do texto literário.

E também o dedicamos às professoras das turmas e escolas envolvidas, que souberam viajar conosco nesta experiência de valorização da leitura.

SUMÁRIO

Apresentação

Este livro nasce, simultaneamente, de um Projeto e de um projeto.

Com letra maiúscula, o Projeto pode ser nomeado, localizado e caracterizado: trata-se de uma pesquisa denominada "Narrativas, diferenças e infância contemporânea", desenvolvida com o apoio do CNPq,[1] por uma equipe interinstitucional dos Programas de Pós-Graduação em Educação da Ulbra e da UFRGS, e também da Faculdade de Educação da UFRGS, durante três anos.

Dois foram seus objetivos maiores: o primeiro, proceder a uma análise das formas como a **diferença** – entendida de forma ampla (etnia, gênero, "deficiência", idade, orientação sexual, configurações corporais, marcas do corpo etc.) – vem sendo tematizada e representada nos livros de literatura infantil disponíveis para crianças brasileiras dos anos iniciais do Ensino Fundamental. Na sequência, procuramos estudar as formas como alunos desse nível de ensino e de diferentes contextos socioculturais negociavam o significado de alguns desses textos com suas experiências anteriores, com outros textos da contemporaneidade e como discutiam e produziam textos de semioses variadas a partir deles, em situações dirigidas de interação provocada.

Inspirando-se nos Estudos Culturais – no que diz respeito às representações, identidades e dife-

---

1 Processos 485188/2007-4 e 310395/2007-0.

renças – nos estudos sobre as diferenças específicas (etnia, deficiência, conformação corporal, velhice etc.) e nos estudos sobre a literatura infantil, a equipe que desenvolveu o projeto nestes três anos e que está engajada numa sequência do mesmo, trabalhou de forma articulada – teórica e metodologicamente – nas múltiplas atividades que um projeto com esse caráter exige. Realizou análises temáticas ou transversais do acervo de livros (acervo que nunca parava de crescer...), planejou o trabalho nas escolas e o executou, analisou os vídeos dele resultantes, discutiu possibilidades e limitações, leu e discutiu autores e artigos, duvidou e reformulou, escreveu, publicou, participou de congressos, seminários, oficinas, trocou ideias com outros pesquisadores, professores do Ensino Fundamental e da universidade, alunos de graduação, orientandos de iniciação científica, mestrandos e doutorandos. O Projeto, com maiúscula, pode ser considerado formalmente encerrado, mas o projeto não para por aí.[2]

Fisgados pelo tema das diferenças e pelo campo da literatura infantil, capturados profissional e pessoalmente pela educação, tanto em seu sentido estrito quanto no lato, os pesquisadores do Projeto não encerraram seu projeto, pessoal e grupal, de trabalhar com a temática, de dividir o que aprenderam (e as novas dúvidas suscitadas, porque a discussão nunca se fecha...) e de se engajar em uma interlocução mais

2 O projeto foi aprovado pelo Comitê de Ética da Ulbra, tendo seus participantes e respectivos responsáveis assinado Termos de Consentimento Informado, garantindo sigilo de dados.

ampla. E é essa oportunidade que se abre com este livro. Partilhar um pouco das nossas incursões pelo campo pantanoso da "alteridade", em que jamais há pura racionalidade, visão científica estrita, olhar alegadamente objetivo... foi o que nos moveu para organizar esta obra. Tivemos de planejar, selecionar, decidir o que cortar, o que inserir, refazer, refinar, equilibrar (ou desequilibrar) focos de análise, para que fosse possível trazer à professora e ao professor dos anos iniciais, à aluna e ao aluno das licenciaturas, à pesquisadora e ao pesquisador dos temas aqui abordados um tanto do que foi nossa trajetória (e continua sendo, porque uma investigação jamais se encerra com um relatório final...) nesses anos de pesquisa.

É através de 11 diferentes textos que tornamos visível uma parte do nosso trabalho. Foram eles escritos por membros da equipe de pesquisa – Edgar Kirchof, Gládis Kaercher, Iara Bonin, Maria Isabel Dalla Zen e Rosa Hessel Silveira – acrescida da colaboração de colegas professores universitários que se aproximaram pela temática, pelo partilhamento de um mesmo olhar teórico e por afinidades intelectuais e pessoais – Daniela Ripoll, Letícia Richthofen de Freitas e Carolina Hessel Silveira.

O livro se inicia por um artigo mais amplo, *Sobre literatura infantil e diferenças – alguns apontamentos e possíveis contribuições*, em que são abordadas as temáticas centrais da pesquisa que perpassam todos os artigos; também nele se trazem dados que permitirão o entendimento mais adequado de algumas referências dos demais textos, especialmente em relação ao trabalho empírico realizado com as crianças.

Lendo as diferenças na literatura infantil: pistas metodológicas é o texto que segue, sintetizando, explorando e exemplificando, embora não de maneira exaustiva, as diversas estratégias utilizadas no Projeto que buscaram potencializar o encontro das crianças com a literatura infantil.

Já *Deficiência e infância: representações de cegos e cadeirantes na literatura infantil contemporânea* detém-se no exame de um alentado conjunto de livros que apresentam personagens cegas e cadeirantes, mostrando a regularidade com que, para determinados conflitos narrativos, se apresentam os mesmos desfechos, amplamente calcados na celebração das diferenças, na compensação, na reparação ou na transformação interior.

Constituindo capítulo à parte, *Os surdos na literatura infantil: alternativas de abordagem e visões infantis sobre personagens surdas* retoma as tendências dominantes de abordagem da temática surda na literatura infantil, desde a escassez de décadas passadas até a proliferação atual de abordagens em livros recentemente publicados – não isentas de problemas. Apresenta também uma exemplificação de como as crianças do Projeto se envolveram na discussão de um livro específico que tematiza a surdez.

Com base no próprio título – *Ovelhas, galinhas, coelhos e outras criaturas: os animais nos livros de literatura infantil* – já se pode imaginar que o artigo persegue o objetivo de explorar um fecundo veio na literatura dirigida à infância, qual seja, o aproveitamento de personagens animais, as quais, no caso dos livros do acervo, ou conotavam ou mimetizavam as "diferenças humanas".

A atuação das crianças do Projeto novamente é focalizada em *Interpretações de crianças sobre feminilidade e masculinidade na literatura infantil*, que analisa as negociações que os alunos fizeram em suas produções, provocadas por algumas das obras trabalhadas, no que diz respeito à manutenção e à subversão dos estereótipos de gênero feminino e masculino.

Em *Humor e comicidade em obras da literatura infantil*, volta-se o foco de análise para as estratégias de humor utilizadas em algumas narrativas escritas para crianças e o modo como estas produzem, articuladas a outros recursos, narrativas polissêmicas. Tema pouco explorado na literatura infantil, a questão do humor e da comicidade sem dúvida merece mais atenção das professoras e professores, tendo em vista que estes se tornam mediadores de leituras literárias.

Já em *Leituras de crianças sobre a diferença étnico-racial*, realiza-se singular análise dos trabalhos e das manifestações orais que as crianças do Projeto produziram a partir de duas obras que, direta ou indiretamente, trabalham com a questão da etnia negra.

Os povos indígenas na literatura infantil: o que nos contam as histórias e o que nos dizem as crianças? nos traz tanto uma análise das principais tendências de abordagem dos indígenas na literatura oferecida para crianças, quanto manifestações de crianças não indígenas, por meio de seus trabalhos, sobre a temática.

Segue-se a este artigo um outro texto, *Um olhar sobre a velhice na literatura infantil contemporânea*, que, a partir da leitura crítica de vinte títulos atuais que incorporam personagens velhas, tematiza as variadas formas e ênfases com que tais personagens comparecem às páginas dos livros, numa época em que se assiste, de alguma forma, à invenção de uma "nova velhice".

Por fim, encerra o livro um estudo que apresenta como, na literatura infantil contemporânea, tem sido abordada uma das "diferenças" mais corriqueiras e, por outro lado, mais temidas nos grupos humanos contemporâneos (incluindo os infantis): o ser "gordo" ou "gorda". As negociações que crianças do Projeto efetuaram, de forma múltipla e criativa, com um dos livros que tematizam de forma humorística a gordura também integram o capítulo, intitulado *Formas do corpo e marcas da diferença: quando as personagens gordas entram em cena*.

Ao final de cada capítulo, à exceção do primeiro, que é de cunho mais teórico e informativo, a professora ou professor encontrará um pequeno apêndice intitulado *Para aprofundar conhecimentos e práticas*, em que damos voz ao nosso projeto de partilhar ideias, sugestões, inquietações e desejos em relação a cada tema, tendo como foco especificamente o cenário pedagógico cotidiano.

A concretização deste livro, que contou com muitas mãos, só se tornou possível porque decorreu de um Projeto de fôlego, já mencionado, em que tivemos o auxílio valioso da bolsista de Iniciação Científica Angela Quaresma, do curso de Pedagogia da Ulbra, além da receptividade, interesse e parceria competente das direções, supervisões e de docentes das escolas onde ele foi realizado. Também o aval da Associação de Leitura do Brasil, gestão 2011-2012, significou um reforço a nossos intuitos de divulgação dos estudos realizados.

Esperamos, enfim, que, por meio da leitura do professor e da professora (atual ou futuro) que, neste momento, tem o livro em suas mãos, nosso projeto (e não apenas Projeto) prossiga ou se transforme ou renasça mais vivo e plural, abrindo caminho para experiências mais fecundas, humanas e sensíveis no encontro entre literatura infantil, alteridade e leitores/as.

1. Sobre literatura infantil e diferenças: alguns apontamentos e possíveis contribuições

Inicialmente, é preciso apontar a estreita relação entre a literatura infantil e o campo pedagógico e, de maneira mais ampla ainda, entre as concepções de infância e os livros a ela endereçados, relação que se concretizou historicamente sob diversas formas. Assim, versões diferentes de tradicionais contos de fadas – apenas para citar um dos casos mais conhecidos – espelham essa correlação, e Shavit (2003) já mostra uma correspondência entre detalhes da história de Chapeuzinho Vermelho, quer na versão de Perrault, quer na dos Irmãos Grimm, e diferentes concepções de criança.

Assim, na versão de Perrault se deveria mostrar à criança leitora o final trágico (a morte de Chapeuzinho e da vovó) como castigo pela imprudência da menina perante o lobo; já na versão dos irmãos Grimm a criança é apresentada, para os leitores, como um sujeito a ser ensinado e formado por meio do castigo, mas tendo uma segunda chance de redenção. Por outro lado, nunca é demais lembrar o abrandamento das passagens violentas, sanguinolentas e com alusões sexuais a que frequentemente se procedeu nas versões populares dos contos de fadas, abrandamento que visava (e visa) proteger as crianças, julgadas "sensíveis" e despreparadas, de temas como a violência e a sexualidade.

Dentro dessa aproximação, certo é que a literatura para crianças já foi veículo de inúmeros ensinamentos – tanto no campo informativo quanto no formativo, se é possível mantermos essa distinção –, de tal modo que modelos de cidadãos, de súditos, de mulheres, de guerreiros, de velhos, de crianças... (para citarmos apenas alguns) já foram, de forma mais ou menos explícita, estampados nas páginas para crianças de diferentes décadas e séculos. Relembre-se que foi a partir da década de 1970 que a crítica literária, em função do interesse sempre crescente pela literatura infantojuvenil, passou a discutir o estreito vínculo entre a pedagogia e esse segmento literário, apontando o risco que tal compromisso traria ao valor estético das obras.[3]

Cademartori, ao abordar a questão, adverte-nos de que, se em décadas mais recentes "foi repelido o pedagogismo à moda antiga, bem menos fácil é conseguir escapar das nossas idealizações do que seja infância, assim como do viés do que se passou a chamar de 'politicamente correto'."[4] Efetivamente, tendo em vista que a literatura infantil é uma lite-

---

3 Ver, entre outros, Regina Zilberman, *A literatura infantil e o leitor*. In: Lígia Cademartori; Regina Zilberman. *Literatura infantil:* autoritarismo e emancipação. São Paulo: Ática, 1987.

4 Lígia Cademartori. *O professor e a literatura*. Belo Horizonte: Autêntica, 2009. p. 48.

ratura adjetivada e marcada em sua produção pela assimetria adulto-criança, parece-nos que – no limite – não há uma possibilidade de completa "neutralidade" ou isenção em relação a uma determinada imagem de infância, imagem que lança sombras ou luzes sobre a produção cultural a ela endereçada. Sem aprofundar aqui essa questão, que é uma das centrais nas discussões sobre literatura infantil, queremos chamar a atenção para uma das mais claras formas pelas quais se concretiza a aliança entre a literatura para crianças e a pedagogia. Trata-se da abordagem, em obras dirigidas para crianças, de assuntos e temáticas que integram o currículo escolar ou interessam à formação pretendida pela escola. E é nessa vertente que os trabalhos do presente livro se inserem – no entrecruzamento entre a literatura infantil e um tema que chega à escola: a **diferença**.

Nesse sentido, deve-se registrar a intensidade com que a temática das diferenças tem adentrado o âmbito educacional, em especial na última década, como reflexo, no panorama social mais amplo, tanto das lutas de grupos antes subalternizados quanto de mudanças políticas e decisões legais recentes, resultantes ou articuladas a tais lutas. Também vale ressaltar, como o faz Hall,[5] que a visibilidade das diferentes formas de ser, pensar e viver decorre, ainda, de um fenômeno mundial de migrações, resultante do surgimento de novas ordens políticas e econômicas glo-

---

5 Stuart Hall. Quem precisa de identidade? In: Tomaz Tadeu da Silva (Org.). *Identidade e diferença*: a perspectiva dos Estudos Culturais. Petrópolis: Vozes, 2000.

bais. A produção sem precedentes de riquezas e de consumo gerada pela globalização também responde pelo deslocamento de enormes contingentes de sujeitos que migram, num suposto mundo de fronteiras tênues, em busca de recursos e de espaços. Em trânsito, esses sujeitos são tidos como diferentes, excluídos, inoportunos, improdutivos, desordeiros.

Por outro lado, temos a popularização do discurso e das políticas de inclusão nos últimos anos, o que também provocará significativo impacto na produção de obras infantis cujo principal tema narrativo seja a diferença, sempre – ou quase sempre – conjugada com políticas de inclusão ou de respeito à diversidade[6]. Já no final do século XX, Pinsent[7] publicava uma obra em que analisava as políticas de igualdade na literatura para crianças, detendo-se na análise de preconceitos de gênero, etnia, idade, deficiências presentes em alguns desses livros; sua obra, entretanto, que também se debruça sobre alguns livros "politicamente corretos", o faz em relação a publicações dos Estados Unidos e da Inglaterra, em que esse tipo de produção literária parece ter sido anterior ao caso brasileiro.

A emergência da temática da diferença certamente também está vinculada ao modo como os meios de comunicação penetram e constituem nosso cotidiano, como afirma Vattimo.[8] Tal fato tem conferido, por um lado, visibilidade a aspectos corriquei-

---

6 Kirchof & Silveira, 2008.

7 Pat Pinsent. *Children's Literature and the Politics of Equality.* London: David Fulton publishers, 1997.

8 Gianni Vattimo. *Sociedade transparente.* Rio de Janeiro: Edições 70, 1991.

ros e certa celebração da vida privada; por outro lado, também tornou visível uma multiplicidade de sujeitos, de lutas sociais, de minorias com demandas e anseios distintos, que tomam a palavra e pleiteiam direitos específicos. Assim, são colocadas em cena diferentes representações do que significa ter esta ou aquela idade, ser índio, ser negro, ser mulher, ser homem, ser homo ou heterossexual, ter esta ou aquela conformação corporal, estabelecendo-se um vigoroso campo de lutas discursivas.

A escola, assim, como caixa de ressonância de correntes e tendências sociais mais amplas, também foi sacudida pela emergência dessa temática, em especial porque, como em outros casos, a ela é ainda atribuído o principal papel formador das novas gerações, não obstante as insistentes asserções sobre o desmoronamento de sua importância em face do poder da mídia e dos tentáculos dos valores apregoados por uma sociedade de consumo, marcada pela efemeridade e inconstância.

Se o ideário multiculturalista, as lutas pelos direitos das mulheres, dos homossexuais, dos "deficientes", dos grupos étnicos tradicionalmente discriminados impulsionaram a mudança de dispositivos legais no campo da educação – pode-se citar, como exemplo, a Lei 11645/2008, que inclui no currículo oficial da rede de ensino a obrigatoriedade da temática "História e cultura afro-brasileira e indígena", ou as leis que estabelecem cotas relativas a etnia, raça ou condição corporal em concursos públicos para docentes, ou para acesso à Universidade –, tais diretrizes também repercutiram na produção de materiais que poderiam ser utilizados no espaço escolar. Assim, desde meados da década de 1990, com incremento nos anos 2000, temáticas ligadas às diferenças, como etnia, deficiência física e mental, gênero, orientação sexual, velhice, obesidade, passaram a constituir campo fértil para a literatura infantil, dada a quase consensual concepção – entre os educadores – de que a abordagem de temas por meio de produtos culturais de "entretenimento", como livros de literatura infantil, filmes, desenhos animados, jogos, é sempre mais produtiva e fecunda. Sem que nosso intuito, neste texto, seja fazer uma revisão dos estudos que têm examinado a presença de tais temáticas na literatura infantil – e ressalvaríamos que, em especial, a abordagem da etnia é a que tem merecido mais atenção –, apenas registramos a existência de alguns textos mais recentes que nos auxiliam a ver as formas, os limites e modalidades de tais tematizações, como é o caso de Lima,[9] Martins e Cosson,[10] Facco,[11] Silveira, Bonin e Kirchof,[12] apenas para citar alguns.

Cabe destacar, ainda que brevemente, as linhas principais que embasam o entendimento das

9 Heloísa P. Lima. Personagens negros: um breve perfil na literatura infantojuvenil. In: Kabengele Munanga (Org.). *Superando o racismo na escola*.Brasília: MEC/SECAD, 2005.

10 Aracy A. Martins; Rildo Cosson. Representação e identidade: política e estética étnico-racial na literatura infantil e juvenil. In: Aparecida Paiva; Magda Soares (Orgs.) *Literatura infantil*: políticas e concepções. Belo Horizonte: Autêntica, 2008.

11 Lúcia Facco. *Era uma vez um casal diferente:* a temática homossexual na educação literária infantojuvenil. São Paulo: Summus, 2009.

12 Rosa M. H. Silveira; Iara T. Bonin; Edgar R. Kirchof. Literatura infantil e pedagogia: reflexões sobre a abordagem da diferença. In: Rosemar Coenga (Org.). *A leitura em cena*: literatura infantojuvenil, autores e livros. Cuiabá: Carlini&Caniato, 2010. Ver também, dos mesmos autores, *A diferença ligada à etnia em livros brasileiros para crianças*: análise de três tendências contemporâneas. Trabalho apresentado no VI SIGET (Simpósio Internacional de Estudos de Gêneros Textuais). Natal/ RN, 2011.

diferenças nos trabalhos que compõem este livro. Tomando por base os escritos de Hall[13] e de Woodward,[14] entendemos que as diferenças não são marcas nem essenciais nem naturais dos sujeitos, e, sim, efeitos de certas formas de representar a materialidade, de "vê-la", e de determinadas maneiras de ordenar e produzir hierarquias sociais. Neste sentido, identidades e diferenças são criaturas da linguagem e da representação, são contingentes, ou seja, resultam da intersecção de diferentes componentes, e são também interdependentes, uma vez que a definição de uma identidade depende fundamentalmente da marcação da diferença (ou daquilo que ela, identidade, não é). Contudo, não se trata apenas de "dividir o mundo" em categorias descritivas, e sim de classificar, diferenciar, estabelecer critérios, definir perfis desejáveis – trata-se de um exercício de poder no qual se define quem pertence e quem não pertence à norma, quem seria normal e quem seria desviante, a partir de critérios tomados como naturais.

As diferenças apresentadas aos pequenos leitores, nas narrativas literárias, são quase sempre aquelas negativamente valoradas (por meio da exclusão, da marginalização, do estigma, do estereótipo), ou seja, aquelas que careceriam de maior conhecimento, de melhor compreensão, de uma dose de tolerância e de respeito. A literatura cumpriria, então,

13 Stuart Hall. Quem precisa de identidade?, cit.

14 Kathryn Woodward. Identidade e diferença: uma introdução teórica e conceitual. In: Tomaz Tadeu da Silva (Org.). *Identidade e diferença*: a perspectiva dos Estudos Culturais, cit.

sua tradicional função pedagógica, função que pode estar mais ou menos evidente nos textos verbais e/ou imagéticos.

É importante relembrar, por outro lado, que, na medida em que as obras para crianças veiculam valores que emergem das ações dos enredos e da construção das personagens, todas elas (e não apenas aquelas que, em sua origem, já vêm marcadas por tal intenção formativa) acabam por atuar como autênticas pedagogias culturais. Afinal, o leitor infantil ou juvenil tende a estabelecer relações de **identificação** com as obras, especialmente com os protagonistas – ainda que não se possa postular a existência de um processo de identificação total, direto e determinístico. Por outro lado, nunca é demais acentuar a frequente utilização pedagógica, *stricto sensu*, dos livros de literatura infantil na educação infantil e nos anos iniciais pelos professores, que pode ser sintetizada na corriqueira expressão: "Preciso de um livro que trabalhe X...", correspondendo X a qualquer tema que ora esteja inserido em um projeto de ensino, ora sendo equivalente a alguma temática candente de sala de aula etc.

Pois bem: dentro desse quadro é que foram produzidos os trabalhos do presente livro, todos resultantes do Projeto "Narrativas, diferenças e infância contemporânea", conforme já citado na Apresentação. O referido projeto constituiu um alentado acervo de obras sobre diferença-diversidade – tanto abordada de forma geral quanto focalizando diferenças específicas – destinadas para crianças: será sobre esse acervo que faremos algumas incursões nos artigos que se seguem. A segunda parte do projeto, que envolveu o trabalho com turmas de diferentes escolas dos anos iniciais do Ensino Fundamental, e que inspirou vários dos artigos, também será brevemente abordada neste texto.

1.1 Tendências temáticas de livros sobre a diferença

Mesmo que não consideremos o acervo do Projeto como exaustivo, não se pode minimizar sua representatividade em relação ao panorama editorial brasileiro sobre a temática, considerando que ele soma 560 títulos distintos. Esse acervo, organizado a partir de 2007 e, ainda, em constante atualização, abrange livros que atendem aos seguintes critérios: estarem disponíveis em livrarias, bibliotecas infantis ou escolares; tematizarem a diferença, ora de maneira global, ora de maneira específica, por meio de enredos com personagens "diferentes" ou "outros" (humanas ou representadas como animais ou outros seres); e, finalmente, terem nível de complexidade compatível com leitores de anos iniciais. Para análise das obras, procedeu-se a uma categorização de títulos, ainda que essa classificação seja mais um expediente analítico do que uma distribuição que contemple as especificidades das obras. De qualquer forma, faremos uma breve exploração dos números de tal categorização, uma vez que eles nos permitem várias interpretações.

É preciso esclarecer que, entre as várias abordagens de diferenças tematizadas nos livros do acervo, encontram-se títulos que abordam a temática da velhice (o outro "velho"); tal temática abrange 100 títulos do total de obras. Já a abordagem da questão da diferença étnica – negros e índios – foi encontrada em 75 e 50 títulos, respectivamente. Por outro lado, um número expressivo de títulos – sempre crescente – se concentrou na abordagem da diferença, da diversidade, da necessidade de respeito e convivência entre os diferentes de maneira geral: esse foi o caso de 71 títulos.

Uma espécie de fábulas modernas, ou seja, narrativas em que a diferença (frequentemente simbólica) é representada figurativamente em personagens animais ou outros seres não humanos, atingiu a cifra de 65 títulos diversos.

A diferença em termos corporais que envolvem o "ser gordo", representada por protagonistas com configuração corporal considerada inadequada, também constitui temática com alguma frequência nos livros para crianças; exatamente 40 títulos se enquadraram nessa vertente. Em outro grupo, reunimos livros que tematizavam a alteridade de personagens com síndrome de Down ou, em menor número, outras questões de desenvolvimento ou comportamento, como hiperatividade, dislexia e outros. Tais títulos totalizaram 36 livros.

Focalizando a difícil temática das relações homoafetivas ou, em maior número, a contestação das características socialmente atribuídas aos gêneros masculino e feminino, agrupamos 27 títulos de livros para crianças. Outras deficiências, como a cegueira ou problemas de visão de maneira geral, constituíram a temática central de 31 títulos, enquanto protagonistas cadeirantes ou com problemas motores estiveram presentes em 22 livros. Já a diferença da surdez e/ou da cultura surda é tematizada em 16 diferentes livros. A discriminação pela feiura ou estranheza em relação à aparência corporal foi tematizada em 17 diferentes títulos, enquanto, finalmente, o "ser pequeno" em relação à normalidade de um tamanho corporal padrão está presente em 10 livros.

Este breve panorama quantitativo nos aponta a multiplicidade de formas com que a temática das diferenças tem estado presente nos livros para crianças e serve de pano de fundo para a seção seguinte, que apresenta resultados de alguns estudos realizados sobre recortes do acervo. Os artigos que se seguem, neste livro, exploram várias dessas dimensões, aprofundando e discutindo suas tendências.

Vale a pena abordar rapidamente as obras que tematizam a diferença de forma geral, uma vez que elas não foram focalizadas por nenhum artigo específico. Pode-se registrar que elas constituem um grupo em que o matiz pedagógico sobressai; afinal, já em alguns títulos as "lições" se tornam evidentes: *Aprendendo sobre as diferenças*; *As diferenças de cada um*; *Convivendo com as diferenças*; *Diferentes, sim, e daí?*;

Gente bem diferente; *O amor tem todas as cores*; *Amigos de todo jeito*; *Cada um... é um*; *Diversidade*; *Somos todos diferentes mas nossos direitos são iguais*; *Somos todos iguais?*; *Somos todos igualzinhos: tudo bem ser diferente*; *Uma menina e as diferenças*; *Viva a diferença*; *Um teatro diferente*; *Todo mundo é igual*.

Com frequência, tais livros não apresentam narrativas, mas uma espécie de discurso descritivo-exortativo que argumenta a favor do respeito e da tolerância em relação aos diferentes, insistindo na igualdade entre os diferentes, que repousaria principalmente no atributo da humanidade ou no partilhamento de atributos corporais da espécie humana ou, ainda, numa dimensão religiosa. A conclusão da maioria desses livros é que a diversidade é algo positivo, interessante e, até, divertido; respeito, aceitação e amor são preconizados, às vezes de forma diretiva e ingênua, em especial em relação ao diferente deficiente.

Observe-se, ainda, de forma mais ampla que – à parte o texto narrativo central dos livros – o intuito pedagógico que anima muitos dos livros, tanto os gerais como os que abordam especificidades (sobre negros, sobre índios, sobre deficientes, sobre velhos...), se concretiza nos paratextos[15] (da quarta capa ou das páginas finais do volume) destinados primordialmente ao leitor adulto que compra e/ou indica o livro, ou ainda que trabalha com ele na sala

---

15 Entende-se por paratexto o "conjunto de fragmentos verbais que acompanham o texto propriamente dito; pode se tratar de unidades amplas (prefácios, textos figurando na capa etc.) ou de unidades reduzidas: um título, uma assinatura, uma data, um intertítulo, uma rubrica [...], comentários na margem" (Dominique Maingueneau. *Análise de textos de comunicação*. São Paulo: Cortez, 2001. p. 81).

de aula. Se, em alguns livros, os paratextos têm apenas uma função mais persuasiva, de capturar o interesse do leitor para a leitura ou indicação do livro, em outros há nítida preocupação de controle dos sentidos do texto e de complementação informativa sobre a leitura, num intuito marcadamente didático. Em vários estudos que seguem, é exemplificada essa função de controle de leitura dos paratextos.

1.2 O trabalho com as crianças

Como já mencionamos, além da constituição do acervo de obras, foi realizado um trabalho em sala de aula com alunos dos anos iniciais do Ensino Fundamental, cujos dados enriquecem vários artigos do presente livro. Foram realizadas 30 sessões de trabalho com 4 turmas de alunos de 3 escolas – duas públicas e uma beneficente – de três diferentes municípios da região metropolitana de Porto Alegre, duas no perímetro urbano e uma na zona rural. Essas sessões foram planejadas *grosso modo* em blocos de 8 diferentes temáticas, sendo adaptadas conforme os diferentes contextos e o andamento do trabalho; as sessões foram todas conduzidas pelos professores pesquisadores, sendo todas elas filmadas.

Diferentes estratégias foram usadas, com base em discussões e sugestões adaptadas de experiências anteriores dos pesquisadores e na consulta a variada bibliografia, para que, além da discussão em grande grupo, os alunos fossem desafiados – individualmente ou em pequeno grupo –, com a invenção de histórias, de desenhos dirigidos e outras possibilidades, a expressar os significados que atribuíam à temática, bem como a relacionar a temática do(s) livro(s) com suas experiências anteriores, incluindo as adquiridas por meio da mídia (TV, quadrinhos, desenhos animados...) ou na própria escola (trabalhos anteriores, visitas a asilos, contato com grupos de índios, por exemplo).

Constituiu-se, assim, um rico acervo de gravações, anotações de diários de campo (feitas por um pesquisador presente enquanto o outro coordenava a sessão) e trabalhos variados – escritos, desenhos, quadrinhos – das crianças das três escolas. No próximo capítulo, exploraremos mais detidamente a metodologia utilizada, enquanto vários dos seguintes trazem produções das crianças, ilustrando leituras, percepções e entendimentos.

1.3 Palavras finais

Voltando rapidamente à abordagem do acervo, é preciso apontar que – apesar do predomínio de títulos francamente pedagógicos, em que a literariedade, o inusitado e a criatividade pouco comparecem, submersos no discurso informativo e moralista – também se encontram obras que fogem ao pedagogismo, aos enredos lineares e à utilização de clichês e estereótipos. São obras que, lançando mão de recursos composicionais e imagéticos originais, como o humor, os finais abertos ou duplos, as quebras de expectativas, a polifonia narrativa e intertextualidade, apresentam maior grau de literariedade, possibilitando, portanto, aos pequenos leitores, uma leitura mais aberta, desafiadora e polissêmica.

Encontramos obras com tais características em qualquer subconjunto de diferenças tematizadas, com uma ressalva à sua escassez no conjunto de títulos que abordam a diversidade e a diferença em geral, os quais simplesmente preconizam o bom convívio, a tolerância, a amizade e a alegria pela existência de diversidade. Compromissados com um intuito formativo, a maioria desses títulos – que frequentemente atraem a preferência de professores de anos iniciais, que buscam abordar a questão da diferença também em função das disposições legais – dá um novo vigor ao antigo e estreito enlace entre os objetivos pedagógicos e a literatura (com ou sem aspas) que se oferece às crianças leitoras do século XXI.

Referências bibliográficas

CADEMARTORI, L. *O professor e a literatura*. Belo Horizonte: Autêntica Editora, 2009.

FACCO, L. *Era uma vez um casal diferente*: a temática homossexual na educação literária infantojuvenil. São Paulo: Summus, 2009.

HALL, S. Quem precisa de identidade? In: SILVA, T. T. da (Org.). *Identidade e diferença*: a perspectiva dos Estudos Culturais. Petrópolis: Vozes, 2000.

KIRCHOF, E. R. Estratégias de composição na literatura infantil contemporânea. *Ensino em Re-vista*, v. 18, n. 1, jan./jun. 2011.

KIRCHOF, E. R.; SILVEIRA, Rosa M. H. Professoras moralizadoras, normalizadoras ou ausentes: a literatura infantil retratando as diferenças. *Anuário de Literatura*, v. 13, n. 2. Florianópolis: UFSC, 2008. p. 57-76. Disponível em http://www.periodicos.ufsc.br/index.php/literatura/article/view/7358/8406. Acesso em: 20 fev. 2012.
LIMA, H. P. Personagens negros: um breve perfil na literatura infantojuvenil. In: MUNANGA, K. (Org.). *Superando o racismo na escola*. Brasília: MEC/SECAD, 2005.
MAINGUENEAU, D. *Análise de textos de comunicação*. São Paulo: Cortez, 2001.
MARTINS, A. A.; COSSON, Rildo. Representação e identidade: política e estética étnico-racial na literatura infantil e juvenil. In: PAIVA, A.; SOARES, M. (Orgs.). *Literatura infantil:* políticas e concepções. Belo Horizonte: Autêntica, 2008.
PINSENT, P. *Children's Literature and the Politics of Equality*. London: David Fulton Publishers, 1997.
SHAVIT, Z. *Poética da literatura para crianças*. Lisboa: Editorial Caminho, 2003.
SILVEIRA, R. M. H.; BONIN, I. T.; KIRCHOF, E. R. Literatura infantil e pedagogia: reflexões sobre a abordagem da diferença. In: COENGA, R. (Org.). *A leitura em cena*: literatura infantojuvenil, autores e livros. Cuiabá: Carlini & Caniato, 2010.
_______. *A diferença ligada à etnia em livros brasileiros para crianças*: análise de três tendências contemporâneas. Texto apresentado no VI SIGET (Simpósio Internacional de Estudos dos Gêneros Textuais). Natal/RN, 2011.
VATTIMO, G. *Sociedade transparente*. Rio de Janeiro: Edições 70, 1991.
WOODWARD, K. Identidade e diferença: uma introdução teórica e conceitual. In: SILVA, T. T. da (Org.). *Identidade e diferença*: a perspectiva dos Estudos Culturais. Petrópolis: Vozes, 2000.
ZILBERMAN, R. A literatura infantil e o leitor. In: CADEMARTORI, L.; ZILBERMAN, R. *Literatura infantil*: autoritarismo e emancipação. São Paulo: Ática, 1987.

2. Lendo as diferenças na literatura infantil: pistas metodológicas

Para a abertura deste capítulo, escolhemos observações de crianças dos anos iniciais do Ensino Fundamental, feitas durante sessões de leitura com livros de literatura infantil que versam sobre a diferença.[16]

O caminhão leva tudo que é velho.
A propaganda é enganosa,
porque eles deveriam levar
só as coisas velhas e não as pessoas
(a respeito de *Dona Pina e Zé da esquina*).

Asilo é lugar de aposentados
(a respeito de *Guilherme Augusto*
de Araújo Fernandes).

Samanta chegou ao baile e
todas as mulheres ficaram
com inveja do vestido dela
(a respeito de *Samanta gorducha*
vai ao baile das bruxas).

---

16 As sessões de leitura aqui mencionadas foram realizadas em turmas dos anos iniciais do Ensino Fundamental, em escolas abrangidas pelo Projeto, duas urbanas e uma rural, conforme exposto na *Apresentação*, acrescidas de uma turma de escola pública que se constituiu em espaço de estágio de docência de uma estagiária do Curso de Pedagogia/UFRGS. Os dados coletados nessa última turma também estão analisados em Silveira (2009).

Já pensou se eu dormir
hoje e acordar amanhã com chifres?
(a respeito de *Os chifres de Filomena*).[17]

2.1 O prazer de ler: por uma leitura libertina

Em alguma medida lemos, nesses enunciados, um movimento, um desejo de articulação de saberes – tessitura de sentidos presentes em diversificados gêneros discursivos circulantes na escola. Releitura do vivido, para reinventá-lo.[18] A invenção ou re-invenção da pluralidade, das experiências sabidas/vividas/pressentidas mediante a leitura. Segundo Barthes, "quando há fantasia, nos imaginamos fabricando esse objeto, programando fases da sua fabricação, como um artesão".[19]

O que lemos naqueles enunciados diz respeito a crianças artesãs, fabricando suas leituras e seus sentidos, criando, evocando múltiplas interpretações, subvertendo as linhas do texto. Eles nos fazem pensar, em um primeiro momento, na leitura libertina, que, sob nosso ponto de vista, é aquela

---

17 Trata-se das obras *Dona Pina e Zé da esquina*, de Semíramis Paterno, que narra o processo de expulsão de uma anciã de sua casa (a casa, também velha, é substituída por uma nova); *Guilherme Augusto de Araújo Fernandes*, de Mem Fox, que aborda a amizade entre um menino e uma anciã que perdeu a memória. Ele passa a usar estratégias para ajudar Dona Antônia, a anciã, a recuperá-la. Por fim, *Samanta gorducha vai ao baile das bruxas*, de Michael Twinn e Kathryn Meyrik, que traz a história do emagrecimento de uma bruxa que se submete a dieta e exercícios para entrar em um vestido no intuito de ir ao baile do príncipe. As referências completas de todos os livros infantis citados em cada capítulo serão encontradas ao final dos mesmos.
18 Teresa Colomer. *Siete Llaves para valorar las historias infantiles*. Madrid: Fundación Germán Sánchez Ripérez, 2005.
19 Roland Barthes. *A preparação do romance*. v. II. São Paulo: Martins Fontes, 2005. p. 105.

que escapa do controle e se vai, aguçando sentidos, suspiros, desejos.

Desejo é o que nos invade em dado momento, nos acarinhando, fazendo brotar vontade, agitação, suor, lágrimas, fascínio, aromas, risos, arrepios, palavras... O que isso significa? Ler sem perder o encanto. Apreciando e temendo o fantástico, o sobrenatural. Reinventando a obra. Imaginando. Multiplicando personagens e enredos. Abrindo espaço para a multiplicidade de vozes, a partir das quais se interpreta qualquer história, considerando que nossas palavras estão sempre banhadas pelas palavras de outros.[20] Pensamos a leitura libertina na escola como um exercício de liberdade pedagógica: ler vivendo, viver lendo. Ler cuidando amorosamente da leitura. Ler: fruição e estese,[21] indo além da competência leitora, vista em si mesma. Vale lembrar que, ao escolher um texto para seus alunos,

> [...] o professor seleciona um texto para a lição e, ao abri-lo, o remete. Como um presente, como uma carta. [...] Mas a remessa do professor não significa dar a ler o que se deve ler, mas sim "dar a ler o que se deve: ler".
> [...] Ler não é o instrumento ou o acesso à homogeneidade do saber, mas o movimento da pluralidade do aprender.
> [...] A amizade da leitura não está em olhar um para o outro, mas em olhar todos na mesma direção. E em ver coisas diferentes.[22]

---

20 Mikhail Bakhtin. *Estética da criação verbal.* São Paulo: Martins Fontes, 1992.

21 Compreendemos a estese como o processo de apropriação e produção, através dos sentidos, de significações constituídas por uma experienciação estética, de fruição. (Cf. Duarte Jr., 2001.)

22 Jorge Larrosa. *Pedagogia profana:* danças, piruetas e mascaradas. Porto Alegre: Contrabando, 1998. p. 174-181.

Há, portanto, nessa remessa, uma intencionalidade: um desejo de compartilhar afetos literários, experiências de prazer e encantamento, por intermédio das páginas de um livro.

Mas vale dizer que é preciso escolher obras que "fecundem", semeiem vontades interpretativas, dialógicas: que despertem o desejo de falar "sobre", dizer ao outro como tais obras nos tocam, nos comovem, nos põem em movimento... Portanto, uma obra "com capacidade evocadora, capaz de provocar emoções, ressonâncias poéticas e poderosas imagens na mente do leitor".[23]

Pensamos que essa leitura libertina pressupõe o cuidado com o escrutínio dos livros/textos e remete-nos a um duplo desafio. Por um lado, implica abdicar do desejo de, como anatomistas, dissecar os textos com nossos alunos, no afã de encontrar, por fim, "a resposta", "o que o autor quis dizer" em nome de uma suposta leitura crítica. Por outro, impõe o compromisso de coordenar a vertigem de significações surgidas no instante mesmo da "explosão libertina". E esta coordenação/mediação, então, fica sob a responsabilidade do professor, do pesquisador-professor. Afinal, "[...] pode ocorrer que uma narrativa possa se reduzir a um 'quer dizer que', porém a força dos símbolos e imagens reside naquilo que não se pode traduzir totalmente. Deve-se deixar que ressoem em cada leitor."[24]

---

23 Teresa Colomer. *Siete Llaves para valorar las historias infantiles*, cit., p. 174-181. [As traduções de Colomer, assim como todas as de outros originais em língua estrangeira, são de nossa responsabilidade.]
24 Ibidem, p. 103.

Esse ressoar leva-nos a uma nova relação com o tempo demandado para a formação de um leitor: não mais o ano letivo, o trimestre, a "aula" de Português, mas o tempo interno, singular, vívido de cada leitor com sua trajetória ainda em construção.

2.2 Pela negociação de sentidos no trabalho interpretativo

Abordar a leitura sob esse viés multifacetado, plural, aponta para o fato de que não só de palavra vive o leitor de um texto: há inter-relações que se estabelecem entre as diferentes linguagens expressivas. Portanto, ao ler um texto podemos articular impressões e sentidos advindos de experiências de leitura com as demais linguagens. Imagens que se desenham em nossas retinas, sons que evocam memórias vividas, que acolhem nossa possibilidade de atribuir sentidos reconfigurados a palavras e a objetos já vistos, saberes já cristalizados.

Nesse sentido, não basta lançar mão dos já costumeiros modos de evocar interpretações de um texto: escrever sobre o lido não é tudo. O velho esquema pergunta-resposta é precário. Podemos desenhar, modelar, cantar as impressões que os textos nos suscitaram. Não existem, portanto, componentes fixos e imutáveis na interpretação, nem nos modos de conduzi-la. Existe, sim, uma variedade de leituras possíveis e multiformes, adaptadas a eventos diversos, tantos quantos cada leitor, na companhia de cada livro, for capaz de constituir.

Foi essa intencionalidade que nos conduziu à escolha de diversificadas estratégias metodológicas para empreender o trabalho interpretativo dos textos lidos durante as sessões de leituras compartilhadas de histórias, que fizeram parte de uma das etapas da nossa pesquisa. Essa diversificação não repousa apenas em uma intencionalidade didática, mas se afina com a noção de que, em uma obra literária, as relações entre texto e imagem são múltiplas:

> Pode ser que o texto seja compreensível por si mesmo e que as imagens simplesmente o ilustrem. Isto tem sido o mais frequente na história da Literatura Infantil e muitos livros atuais continuam sendo assim. Mas pode se tratar de uma história em que uma parte da informação se encontre no texto e outra parte esteja contida nas ilustrações. Também pode ocorrer que as ilustrações que acompanham um texto, autônomo ou não, "voem sozinhas" e ofereçam informação extra, não estritamente necessária para compreender a história.[25]

Assim sendo, há, em uma obra literária, uma relação entre o verbal e o não verbal, representados pelas narrativas verbais e imagéticas, que demanda do leitor um exercício de produção de sentidos: conforme Marin,[26] ler implica inserir o visível em um contexto de significações culturalmente construídas

---

25 Ibidem, p. 19.

26 Louis Marin. Ler um quadro: uma carta de Poussin em 1639. In: Roger Chartier (Org.). *Práticas da leitura*. 2. ed. São Paulo: Estação Liberdade, 2001.

que permite a atribuição de sentidos ao visto (transformando-o em legível).

Quando as crianças interpretaram as imagens das obras trabalhadas e produziram imagens nessas interpretações, estavam elas mesmas tornando suas ilações "legíveis": não só quando reproduziram mentalmente as cenas, mas também quando recriaram, por meio de suas produções gráfico-plásticas e escritas, as personagens e enredos das histórias.

Rocha assinala que, no caso da criança, "a lógica da comunicação com ela, para conhecer seu ponto de vista, não pode centrar-se na oralidade, muito menos de forma exclusiva na escrita. Por isso, há necessidade de cruzar fala ou diálogos em grupo com desenhos, fotografias [...]".[27] Apoiados nessa perspectiva, fizemos escolhas metodológicas que visaram a ampliar os modos de expressão das interpretações das crianças, no sentido de permitir que elas pudessem se valer de diversificadas linguagens para dar forma a suas concepções.

Para melhor exemplificar as negociações de sentido presentes nas produções das crianças, seguem excertos de conversações e de escritos surgidos durante e a partir da leitura da obra *Os chifres de Filomena*,[28] citada anteriormente.

---

27 Eloísa A. C. Rocha. *Por que ouvir as crianças?* Algumas questões para um debate científico multidisciplinar. In: Sílvia H. V. Cruz (Org.). *A criança fala*: a escuta de crianças em pesquisas. São Paulo: Cortez, 2008. p. 49.

28 Na obra, a personagem menina Filomena acorda e percebe que tinha criado chifres. Esse acontecimento interfere na sua rotina, mas, apesar de algumas dificuldades que encontra, tal fato parece não perturbá-la, ao contrário do que acontece com sua mãe, que desmaia, quando a vê transformada. O enredo se desenvolve com base nesses fatos. Uma análise mais detida dos recursos de humor utilizados nessa obra encontra-se no capítulo 7, "Humor e comicidade em obras da literatura infantil".

Figura 1 – Foto da capa da obra
Os chifres de Filomena

Durante essa leitura interativa,[29] irromperam comentários feitos pelas crianças. Vale a pena, pois, retomar o roteiro de trabalho: inicialmente, fizemos uma motivação para a leitura, e, em seguida, começamos a contação. Pausas foram feitas para escutar manifestações e provocar as crianças com questões sobre a história, o significado contextual de certas palavras, as imagens; depois de algum tempo, retomávamos a leitura do livro. Foram várias sequências[30] interpretativas. Veja algumas a seguir.

29 A leitura interativa foi utilizada na pesquisa por entendermos que ela propicia às crianças um papel ativo na leitura, ou seja, a manifestação de suas experiências culturais – os seus conhecimentos de mundo; os elementos tanto do texto verbal quanto do imagético mobilizaram a manifestação dessas experiências. Perguntas "em aberto", cuidadosamente formuladas para não engessar as interpretações de cada obra trabalhada, contribuíram para que essa leitura se desenvolvesse de forma dinâmica.

30 Em todos os capítulos usaremos a letra P maiúscula para identificar a fala das pesquisadoras ou pesquisador e a C, para a das crianças. Números diferenciados marcam diferentes falantes. Também será utilizado o itálico para destacar essas transcrições das demais citações.

P1: *Falem um pouco sobre o começo da história...*
P2: *Sobre a Filomena...*
C1: *Ela está com cara de alce.*
C2: *Triste.*
C3: *Ela se sentiu mal.*
C4: *Bah, como cresceram esses chifres?*
C5: *Ela ficou admirada.*

P: *E a reação das pessoas da família, da casa?*
C1: *Elas ficaram apavoradas.*
C2: *Toda mãe é assim, fica apavorada.*
C3: *Desmaiou porque viu a filha dela com chifres.*
C4: *Porque nenhum ser humano tem chifres.*
C5: *Tem sim, ela (apontando o dedo para a imagem de Filomena no livro).*
C6: *Ô, "sora", isso não vai acontecer com a gente, né?*
C7: *Que sacanagem, da copeira, "sora".*
C8: *Ela fez um varal nos chifres da Filomena.*
P: *E quando Filomena acordou sem os chifres?*
C1: *Ela acordou e viu que era um sonho.*
C2: *Ela ficou triste, porque ela usava os chifres para um monte de coisas.*

P: *E no final da história?*
C1: *Ela ficou com penas de pavão!!! Saiu os chifres, nasceram as penas de pavão, o que mais vai acontecer?*
C2: *Será que ela tem um pouco de tudo que é animal?*
C3: *A mãe dela vai desmaiar de novo.*
C4: *Ela vai usar as asas do pavão de paraquedas.*

Todos esses sentidos apareceram a partir de uma conversa aberta, em meio a uma leitura/escuta interativa. Assim fluíram cadeias interpretativas, conforme a sequência da narrativa. Como se pode notar, o grupo de crianças opinou sobre o acontecimento inusitado e sobre a reação das personagens com variação de sentimentos: tristeza, pena, espanto, medo, aceitação. A diferença, nas manifestações das crianças, foi ora valorizada e aceita, ora corrigida.[31]

E as crianças também se engajaram no que pode ser considerado o final aberto da narrativa. Nele, a protagonista, sem os chifres, cujo desaparecimento não é explicado, acorda no dia seguinte com penas de pavão. *O que vai acontecer? Será que ela tem um pouco de tudo que é animal? A mãe dela vai desmaiar de novo*... são especulações e predições que marcam o envolvimento provocado pelo desfecho provocador da obra.

Terminado o momento da contação participativa, introduzimos uma atividade escrita. A proposta partiu do seguinte comando: "Em outro dia, Filomena apareceu com mais uma novidade, mas ela estava em outro lugar: escola, *shopping*, parque, praça, praia, supermercado, posto de saúde. Imagina o que aconteceu. O que as pessoas disseram? Como Filomena se sentiu? Desenha e escreve, contando sobre isso".

Ao imaginarem uma nova mudança no corpo de Filomena, desta vez as crianças oscilaram em relação aos sentimentos que seriam evidenciados pela

31 Edgar R. Kirchof. Estratégias de composição na literatura infantil contemporânea: a questão da diferença. *Ensino em Re-vista*. v. 18, n. 1, jan./jun., 2011. p. 147-158. Disponível em: http://www.seer.ufu.br/index.php/emrevista/article/viewFile/12372/7180. Acesso em: 15 de novembro de 2011.

personagem. Muitas disseram e registraram que Filomena ficou feliz com a situação, atribuindo, até, uma funcionalidade à novidade. As mudanças sugeridas foram descritas como algo bem-vindo, ou seja, a diferença foi marcada positivamente.

Filomena ficou feliz, porque...

> *Virou um golfinho e podia nadar; virou uma borboleta e podia voar; podia fazer qualquer coisa (virou metade pato, touro, tubarão, rato, camelo, zebra etc.); virou uma girafa e podia enxergar mais longe.*

Mas também... Filomena ficou triste, porque...

> *Apareceram asas e ela não queria voar; ficou com nariz de elefante; virou um cachorro; tinha pelos; apareceram asas de borboleta; tinha chifres; nasceram asas de pavão, todos riram dela.*

Podemos observar que os sentidos recriados pelas crianças agregam partes/características dos animais, assim como na história, em que, no corpo de Filomena, aparecem chifres de alce e penas de pavão. Percebe-se aqui a dialogicidade proposta por Bakthin:[32] nas produções dos alunos aparecem processos análogos àqueles apresentados pelo texto. E também emerge a experiência cotidiana com as reações à diferença: *todos riram dela.*

Parece-nos interessante indagar, então, se nos enunciados orais, nas produções escritas e nos dese-

32 Mikhail Bakhtin. *Estética da criação verbal*, cit.

nhos produzidos pelas crianças não é possível "ler" as suas interpretações, os caminhos fecundos de suas leituras cheias de ilações, metáforas e explicações.

Entre as variadas reações das pessoas em face da diferença, uma, frequente, é a de estranhamento, e as crianças manifestaram esse sentido em suas "falas". Escreveram sobre isso, exemplificando, em seus textos, como a família da personagem e as outras pessoas se sentiram. Vejamos: *"Ninguém gostou*; *a mãe dela desmaiou*; *os vizinhos ficaram com medo*; *o pai ficou triste*; *todos ficaram assustados*; *os amigos ficaram muito tristes e acharam muito esquisito"*.

Observamos nos enunciados acima os sentimentos de estranhamento (e "des-gosto") que a diferença suscita. Os adjetivos, às vezes acompanhados do adverbial "muito", sublinham que, para a família e para os amigos de Filomena, a mudança no seu corpo não é vista como algo natural. Como criação social, a diferença vai delimitando padrões de comportamento, de modos de ser, bem como a aceitação ou a rejeição daquilo que não está de acordo com a norma.[33] Então, partindo do pressuposto de que as histórias ensinam, são formadoras de subjetividades e também provocam a emergência de experiências anteriores que se articulam a elas, foi possível constatar esses efeitos nos leitores e em suas interpretações orais e escritas.

---

33 Kathryn Woodward. Identidade e diferença: uma introdução teórica e conceitual. In: Tomaz Tadeu da Silva (Org.). *Identidade e diferença*: a perspectiva dos Estudos Culturais. Petrópolis: Vozes, 2000.

2.3 A força das palavras: o que "nos ensinam" as personagens dos textos?

Por uma diversidade de leituras do texto literário! Sem estancar as possibilidades, aqui se defendem diferentes experiências/encontros/eventos com os textos. Defende-se, também, a formação de um leitor que perscruta a força das palavras, as representações presentes nos textos – o visível e o não tão visível –, a força das vozes presentes nas narrativas,[34] já que nos colocamos, por meio das linhas escritas, frente a frente com essas vozes, que traduzem outras experiências, outras formas de compreensão do real.[35]

Julgamos, por assim dizer, que os artefatos, dentre eles os livros, desempenham um importante papel. Seus ensinamentos se materializam nas palavras ditas, nos modos de dizê-las, nos cenários e nas cores, nas imagens, nos silêncios e nas omissões, que, de forma relacional, vão instituindo as significações, mais ou menos estáveis, dentro dos jogos de poder que se exercitam nas diversas instâncias sociais.

Esse potencial da literatura se evidenciou nas citadas sessões de leitura, confirmando os processos educativos que se consolidam sobre o sensível, o estético, bem como o político, processos que, muitas vezes, não se fazem presentes no *script*, não raramente previsível, das aulas de leitura na escola.

---

34 Jonathan Culler. *Teoria literária*: uma introdução. São Paulo: Beca Produções Culturais, 1999.
35 Teresa Colomer. *Siete Llaves para valorar las historias infantiles*, cit.

Figura 2 – Capa do livro *Elmer, o elefante xadrez.*

Seguindo o modelo de leitura (interativa) utilizado com as demais obras trabalhadas, narramos a história do elefante Elmer – a qual apresenta uma diferença simbolizada, sem correspondente no mundo real: o visual quadriculado e colorido de um elefante, que se diferencia da coloração cinzenta dos outros.

Ao verem a capa, as crianças foram mobilizadas pela imagem de um elefante xadrez. *"Como assim, um elefante xadrez? A cor dele não deveria ser cinza?"*, questionaram algumas.

Indagamos, então, se alguém sabia o que significava ter "cor de elefante", ao que responderam: *"É a cor que eles são normais, tipo todos os elefantes são cinza"*.

A partir dessas falas as crianças foram evidenciando um entrecruzamento de discursos, apontando a emergência de algumas temáticas, como, por exemplo, a da diferença vista como algo positivo e propositivo.

Ao perguntarmos se as pessoas tratam os que são diferentes da mesma forma que os elefantes tratavam Elmer (e relembramos que, no enredo, os elefantes não demonstram nem estranheza, nem repulsa, em relação ao elefantinho), responderam que *"se a gente tratar alguém que é diferente mal, ele também vai nos tratar mal". "Por exemplo, se o F. fosse esquizofrênico a gente ia ter que tratar ele bem".*

Terminado o momento da contação, propusemos uma atividade escrita sobre a leitura. A proposta partiu do seguinte comando: "Na história, Elmer apareceu de dois jeitos. Como você prefere o Elmer? Desenhe e explique o porquê de sua escolha".

A seguir, veja como algumas crianças que preferiram o Elmer xadrez argumentaram para defender essa escolha.

> *– [...] ele fica mais engraçado e vai conseguir conquistar mais amigos [...]*
> *– [...] ele nasceu assim, ele não pode mudar a cor que ele nasceu, ele é diferente dos outros elefantes [...]*
> *– [...] temos que nos aceitar do jeito que somos, sendo diferentes também podemos ser legais e felizes [...]*
> *– [...] ele é mais divertido, se ele não se aceitar assim como ele nasceu não vai existir diversão no mundo dos elefantes [...]*
> *– [...] eu escolhi ele deste jeito porque eu gosto e a cor verdadeira do Elmer é colorida.*

Essas falas apontam para uma concepção de determinismo da "diferença de nascença" (quer por aceitação, quer por impossibilidade de mudança). Entretanto, houve crianças que preferiram o Elmer cinza. Vejamos os motivos.

> *– [...] eu gosto dele com a cor de elefante, ele fica mais bonitinho, nenhum elefante é xadrez, só mesmo na história [...]*
> *– [...] ele tem que ser assim [...]*
> *– [...] eu prefiro que ele fique como os amigos dele [...]*
> *– [...] eu quero o Elmer cinza porque elefante colorido não existe e a cor cinza é a mais bonita de todas.*

Novamente aparece a reiteração da diferença: não se pode escapar dela, os diferentes devem estar entre "seus pares" ou, quando muito, devem ser tolerados/aceitados. Neste sentido, consideremos as palavras de Bauman:

> A tolerância não implica a aceitação do valor do outro; ao contrário, é mais uma maneira, talvez mais sutil e astuta, de reafirmar a inferioridade do outro e oferecer um pré-aviso da intenção de eliminar a alteridade do Outro – junto com um convite ao outro para cooperar na realização do inevitável. A famosa humanidade da política de tolerância não passa de consentimento em adiar o acerto final de contas – com a condição, no entanto, de que o próprio ato do consentimento reforce ainda mais a ordem de superioridade vigente.[36]

---

36 Zygmunt Bauman. *Modernidade e ambivalência*. Rio de Janeiro: Jorge Zahar, 1999. p. 300.

É importante registrar que algumas crianças manifestam a rejeição do chamado pacto de suspensão da descrença, pelo qual o leitor aceita o mundo ficcional como "verdadeiro", "acreditando", até, em situações inusitadas e sem correspondência com o mundo real.[37] Elas escreveram: *elefante colorido não existe*; *nenhum elefante é xadrez*, numa pista de que a racionalidade adulta – que se faz presente de forma poderosa na escola – talvez já esteja deixando suas marcas.

2.4 Abordagem metodológica: escolhas para fazer brotar sentidos

Foram várias e longas as tardes em que todos nós, pesquisadores, nos debruçamos sobre o planejamento detalhado das sessões de leitura: cada escolha foi meticulosamente pensada e discutida, visando a traçar quais seriam caminhos produtivos no intuito de obter produções escritas e gráfico-plásticas (bem como de suscitar diálogos e debates) que expressassem as representações que as crianças estavam construindo sobre as diferenças identitárias presentes nas obras lidas.

Tínhamos a consciência de que optar por esta ou aquela estratégia exigiria profundo conhecimento de nossos pesquisados; saber de seus contextos

37 O princípio de suspensão da descrença foi tematizado por Umberto Eco, em *Seis passeios pelo bosque da ficção* (2006), ao observar que ao leitor é necessário, mesmo sabendo que se trata de uma história imaginária, aceitar tacitamente o pacto ficcional da credibilidade do enredo.

socioculturais resultaria em maior ou menor sucesso em nossa abordagem.

Desse modo, cada frase, cada imagem, cada atividade a ser desenvolvida foram amplamente discutidas, no afã de encontrar aquelas que se prestassem melhor aos nossos objetivos: garantir um espaço de escrita e/ou expressão gráfico-plástica para que as crianças pudessem retomar aspectos das obras trabalhadas, estabelecendo relações com outros contextos, buscando-se potencializar suas leituras.

Nas seções anteriores, comentamos algumas das estratégias desenvolvidas na pesquisa, durante as sessões conjuntas, dando maior destaque às interações verbais ocorridas; passaremos, a seguir, a enfocar outras propostas realizadas com os grupos de crianças participantes do estudo.

2.5 Interpelações instigantes: desenha aí, escreve aí...

Uma das atividades mais ricas que nos propusemos foi solicitar que as crianças desenhassem. Entretanto, diferentemente das práticas escolares por meio das quais os alunos são, normalmente, convocados a fazê-lo a partir de comandos clichê ("desenhe a parte que mais gostou da história" ou "desenhe a personagem preferida/principal"), nos preocupamos em solicitar produções que implicassem a inserção de elementos inusitados, que provocassem deslocamentos: por exemplo, desenhar uma personagem em outro lugar, em outra situação, com outra idade, com novos amigos.

Outra possibilidade igualmente interessante que merece referência foi a utilização de um repertório imagético[38] que ampliasse o acervo das crianças, envolvendo variedade de elementos, como imagens de tipos humanos diversificados, paisagens diferentes e distantes etc. Com a reprodução dessas imagens em mãos, grupos de crianças eram solicitados a construir narrativas visuais que incorporassem esses elementos e os articulassem a elementos já presentes nas histórias dos livros trabalhados, como as personagens do enredo original.

Cabe salientar que as inovações metodológicas nem sempre foram assimiladas com facilidade: destacaram-se negociações e conflitos surgidos quando solicitamos aos grupos que produzissem uma narrativa imagética. Quais imagens usar, como construir uma sequência narrativa, encadeando episódios minimamente correlacionados, como apresentar as histórias produzidas aos demais colegas com um mínimo de coesão e coerência foram motivo de embates intensos, evidenciando o quanto essas práticas de produção textual podem estar distantes das salas de aula. Por outro lado, também constituíram desafios a serem vencidos; não poucas vezes os

---

38 No caso, foram preparados conjuntos de ilustrações (de 6 a 10), em que incorporamos tanto xerocópias de protagonistas dos livros como outras imagens, retiradas de revistas ou capturadas da internet, em *sites* que disponibilizam imagens. Um relato de uma estratégia em que foram utilizados conjuntos de ilustrações pode ser encontrado no capítulo 9, *Os povos indígenas na literatura infantil: o que nos contam as histórias e o que nos dizem as crianças?*

professores-pesquisadores se surpreenderam com a incorporação, por algum grupo, de alguma estratégia presente em um dos livros trabalhados. Assim, na obra *Guilherme Augusto de Araújo Fernandes*, o autor, que também é o ilustrador, apresenta ao lado da imagem da velha Antônia, já idosa, desenhos que a mostram menina, em situações evocadas por sua memória. Pois bem: um dos grupos de crianças, ao apresentar sua "história" e afixar na lousa as imagens escolhidas de personagens, explicava que "aqui é o seu Antônio quando criança", "aqui é ele velho"... e assim por diante, mostrando a potencialidade de uma ilustração criativa e inusual. Efetivamente, na leitura das ilustrações, destacando usos inusitados da cor, traçados diferenciados, efeitos de luz e sombra, contrastes e tonalidades, composição, espaços e volumes, buscamos atentar para o fato de que "meninos e meninas aprendem a apreciar as imagens também de um ponto de vista artístico".[39] Intentava-se, também, auxiliar os leitores a construir uma percepção estética.

Um aspecto que vale mencionar diz respeito a nossa preocupação com a formulação dos comandos das produções escritas. Buscavam ser provocadores e dialógicos: em vez do "faça um texto sobre", esses comandos apresentavam pequenos excertos narrativos que abriam espaço para prospecções, inferências sobre as experiências das personagens que, em alguma medida, convidavam as crianças a

---

39 Teresa Colomer.*Siete Llaves para valorar las historias infantiles*, cit., p. 104.

inserir suas vivências cotidianas nas produções realizadas. Neste caso, suas representações e interpretações sobre as diferenças.

Também considerada uma proposta bem recebida pelas turmas de crianças foi a de transformar uma narrativa de literatura infantil em história em quadrinhos, inserindo um elemento novo/inusitado, ou uma outra peripécia. Após a leitura da obra *O menino e a foca*,[40] por exemplo, solicitamos que imaginassem a visita da personagem cadeirante a sua escola/turma. Nessa produção, os desenhos apontaram para variadas soluções de acolhida ao menino, e também sinalizaram, reiteradamente, o apagamento/correção da diferença – o menino aparecia frequentemente "curado" nesse novo cenário. Ao manifestarmos nossa surpresa diante das narrativas quadrinizadas que mostravam o menino se movimentando sem muletas ou cadeira de rodas, não poucas vezes ouvimos as crianças dizerem que ele "tinha ficado bom", "tinha feito uma cirurgia", "aqui ele já andava" etc.

Vemos aqui as potencialidades didáticas desse trabalho de transposição de um gênero textual para outro: as professoras, ao trabalhar com as histórias em quadrinhos, podem levar histórias em quadrinhos, explorar os tipos de balões (fala, pensamento, grito etc.), o enquadramento, o uso de onomatopeias, o uso de linhas de movimento, o

---

40 O livro traz a história de um menino paraplégico (condição apenas mostrada nas imagens e não no texto escrito) e sua relação com o mar, narrada por meio da passagem do tempo e das transformações que essa relação vai sofrendo. Análise mais detalhada da obra está no capítulo 3, intitulado *Deficiência e infância: representações de cegos e cadeirantes na literatura infantil contemporânea.*

emprego de metáforas visuais (uma lâmpada para simbolizar uma ideia, por exemplo), as expressões faciais das personagens, entre outras possibilidades, de acordo com o nível de experiência da turma em leituras desse gênero.

Essa abordagem foi feita antes de solicitarmos aos grupos a produção desse gênero textual e foi interessante, justamente, percebermos que, independentemente do ano de escolaridade, o que mais influenciava a produção da HQ era a experiência anterior que as crianças tinham com o gênero.[41]

Assim, o desenho dos quadrinhos – e o esforço que demanda – também gerou dificuldades: como desenhar, colorir e escrever no tempo disponível? Como segmentar uma história em quadrinhos sucessivos? Como representar imageticamente personagens e nelas marcar certas características distintivas? Quando e como usar os balões?[42] Escrever implica fôlego intelectual; desenhar, igualmente, sob nosso ponto de vista; mais: a conjugação das duas semioses num gênero específico, com suas convenções e recursos de linguagem, representa, ainda, um desafio maior que, entretanto, não se esgota em uma simples tarefa escolar.

Ao explorar as narrativas, algumas das estratégias que utilizamos buscaram colocar em evidência

41 Embora possa parecer a um leitor desavisado que todas as crianças brasileiras que chegam aos anos iniciais de escolaridade têm já uma história de manuseio de revistas de histórias em quadrinhos, uma experiência como a nossa, embora restrita em termos geográficos, mostrou que tal pressuposto não pode ser sempre tomado como verdadeiro.

42 Eglê Franchi em livro que se tornou um clássico – *E as crianças eram difíceis...*: a redação na escola (São Paulo: Martins Fontes, 2002) – relata uma experiência interessante de produção de quadrinhos com alunos dos anos iniciais.

a relação imagem e palavra, por meio de tarefas com um componente lúdico. Assim, após a leitura conjunta e discussão das imagens do livro *Tibi e Joca*,[43] os alunos, organizados em duplas, receberam uma montagem de xerocópias reduzidas da história, com as poucas palavras do texto verbal retiradas e apresentadas à parte, em pequenas fichas, para que encontrassem o lugar adequado para inseri-las, numa espécie de quebra-cabeça de conexão imagem-legenda, atividade que suscitou muita curiosidade.

Nessa atividade, percebemos que as ilustrações remetiam as crianças para vivências pessoais, permitindo que as relacionassem com situações/emoções vividas pelas personagens do livro. Quando essas relações são estabelecidas, parece-nos que os leitores estão em diálogo com autor, narrador e personagens,[44] ou seja, com esse coro de vozes. O papel da escola, então, é ensinar o leitor a distingui-las, para que se movimente entre elas.

Não podemos deixar de mencionar uma atividade realizada quando estávamos para finalizar as sessões de leitura com as crianças: o empréstimo de diferentes títulos para todos os alunos das turmas envolvidas, com a combinação de que, na semana seguinte, cada aluno recontasse, em grande grupo, a história do livro que havia levado para casa. A partir daí, houve sessões muito produtivas de "reconto" para os colegas.

---

43 Esse livro, que privilegia a linguagem das imagens, traz a história de um menino surdo. Uma análise de algumas partes do trabalho feito com a obra está no capítulo 4, *Os surdos na literatura infantil: alternativas de abordagem e visões infantis sobre personagens surdas*.

44 Mikhail Bakhtin. *Estética da criação verbal*, cit.

A análise de uma dessas sessões de reconto, feita por Silveira e Bonin,[45] mostrou como se efetivou uma "autêntica roda de leitura" com as crianças sentadas em círculo, cada uma com "seu" livro, contando para os colegas a história que havia lido. Em suas análises, as autoras verificaram como as crianças, quando narradoras, tinham incorporado traços da postura dos professores pesquisadores no trabalho com os livros, virando os volumes, por exemplo, para os colegas e apontando nas ilustrações as figuras dos protagonistas; quando ouvintes, perguntavam, comentavam, riam, enfim, interagiam com o narrador.

Os recontos, em sua maioria, apoiavam-se nas imagens que iam sendo mostradas e acompanhadas pela narração oral; por vezes, as crianças faziam modificações nas sequências narrativas, tornando-as mais simples, saltando detalhes, eventualmente utilizando vocabulário e padrões linguísticos do texto verbal original, mesclados com o registro mais informal do cotidiano. Algumas delas atribuíram falas às personagens, numa teatralização que conferia maior vivacidade ao texto. Outras, que haviam lido todos os livros emprestados (foi dito que elas poderiam trocá-los entre si), opinavam sobre o andamento das histórias. O papel da professora-pesquisadora, neste caso, foi bem importante, uma vez que fazia questionamentos sobre

45 Rosa M. H. Silveira; Iara T. Bonin. *Lendo histórias*: um estudo sobre o reconto de obras de literatura infantil por crianças do Ensino Fundamental. *Ensino em Re-vista*, v. 18, n. 1, jan./jun., 2011. Disponível em: http://www.seer.ufu.br/index.php/emrevista/article/viewFile/12371/7179. Acesso em: 15 nov. 2011.

a relação daquelas histórias com outras leituras já discutidas, propondo um jogo de intertextualidade em cujas regras muitas crianças prontamente se engajavam. Assim, por vezes, as próprias crianças já antecipavam relações, inspiradas ora pelo texto verbal, ora pela leitura de imagens.

Chamamos a atenção para o fato de esta ter sido uma atividade relativamente simples, que exigiu como materiais apenas livros diferenciados, disposição adequada do espaço de sala de aula e coordenação estimulante do grupo. Destacamos a estratégia como possibilidade relevante de valorização da experiência literária. Ainda: esta prática revelou-se importante para compreendermos como as crianças negociam sentidos durante a leitura de livros infantis.

2.6 Palavras finais

Parece-nos consensual o entendimento de que a formação de leitores e o desenvolvimento das competências de leitura exigem esforço teórico-metodológico no sentido de reinventar as práticas de leitura na escola. Para tanto, o estímulo à leitura e o planejamento de ações pedagógicas propositivas e potencializadoras devem estar previstos na pauta do cotidiano escolar.

Também as pesquisas devem tomar para si a tarefa de promover essas ações e pensar o desenvolvimento das competências infantis, por meio de estratégias metodológicas inovadoras. Pesquisar com as crianças, instigando-as, desafiando-as na construção de uma leitura literária requer a seleção de estratégias produtivas, que possibilitem a captura das interpretações infantis a respeito do foco da investigação.

Nesse sentido, as ações pedagógicas mencionadas anteriormente podem ser pensadas como um modo de ampliar as rotinas de construção compartilhada e de relação entre leitura e escrita nas atividades escolares, bem como de aproveitamento fecundo de acervos de literatura infantil distribuídos às escolas em programas oficiais.

Destacamos que a relevante interação entre pesquisadores e crianças, na experiência feita e em muitas outras similares, não reduz o importante papel do professor. Quando ele intervém com perguntas e comentários que instigam a prestar atenção a detalhes e a impressões suscitados pelas obras; a observar e apreciar os textos em suas linguagens e temáticas, de modo que as interpretações possam ser partilhadas entre as crianças, estamos diante de importantes contribuições ao processo de formação de leitores.

Termos vivido conjuntamente essa experiência – com crianças e professores – nos possibilitou olhar para a abrangência da literatura infantil de um modo diferenciado, percebendo que, se é verdade que ela vem servindo historicamente para perpetuar preconceitos e discriminações, também se constitui como espaço de renovação, de exercício da crítica, de aprendizagem estética, no sentido de perceber entraves, hierarquizações das diferenças e promoção de desigualdades.

Não podemos aferir se essas percepções servirão para transformar as narrativas infantis e o modo como elas constroem e posicionam os diferentes. Todavia, a própria produção dessas narrativas instaura discussões fecundas sobre os efeitos das práticas sociais e de leitura sobre os sujeitos. Tais discussões não poderiam compor, também, uma pauta de debates nas escolas? Não estaria aqui, nas entrelinhas das interações de leitura relatadas e analisadas, uma agenda convidativa para (re)criar práticas pedagógicas e de pesquisa com crianças?

Obras infantis citadas

BISOL, C. *Tibi e Joca*: uma história de dois mundos. Ilustrações: Marco Cena. Porto Alegre: Mercado Aberto, 1996.

FOREMAN, M. *O menino e a foca*. São Paulo: Ática, 2002.

FOX, M. *Guilherme Augusto de Araújo Fernandes*. Ilustrações: Julie Vivas. São Paulo: Brinque-Book, 1984.

McKEE, D. *Elmer, o elefante xadrez*. São Paulo: Martins Fontes, 2009.

PATERNO, S. *Dona Pina e Zé da esquina*. Juiz de Fora: Franco Editora, 2002.

TWINN, M. *Samanta gorducha vai ao baile das bruxas*. Ilustrações: Kathryn Meyrik. São Paulo: Brinque-Book, 1988.

Para aprofundar conhecimentos e práticas

Sugestões de práticas pedagógicas

I – Escolha um conjunto de livros na biblioteca de sua escola e dê às crianças de sua turma a oportunidade de ler e emprestar essas obras entre si. Após esse rodízio, feito durante mais ou menos uma semana, proponha uma roda de leitura para reconto das histórias aos colegas da turma. Procure mediar o reconto de forma estimulante, não inibindo eventuais infidelidades aos textos originais, nem enfatizando a reprodução estrita do texto. Observe os gestos de leitura, as posturas, o manuseio dos livros, o interesse, a inserção de novidades e as dificuldades encontradas nos recontos, enfim, os aspectos mencionados neste capítulo.

II – Selecione um livro com uma narrativa simples, leia-o para seus alunos, deixe-os explorá-lo e proponha-lhes a transposição (ou a recriação modificada) da história para história em quadrinhos. Explore, previamente, algumas características da linguagem dos quadrinhos – o uso de balões, a utilização de onomatopeias, de linhas e de símbolos – e auxilie seus alunos nessa transposição. Solicite que os alunos apresentem suas produções aos colegas.

III – Selecione um livro com personagens que apresentem algum tipo de "diferença" – velhas, deficientes, gordas, de diferentes etnias etc. – e que tenha um caráter inovador e interessante. Após trabalhar com a obra, prepare conjuntos de imagens de personagens também variadas, quanto à idade e à aparência, incluindo cópias de ilustrações de um ou mais protagonistas do livro trabalhado. Proponha a seus alunos que, em grupos, criem uma história com essas personagens ou com algumas delas. Lembre-se de que este material – conjunto de figuras hu-

manas –, se confeccionado de forma mais durável, colado em cartolina, coberto por papel plastificado e organizado em envelopes, por exemplo, pode ser reaproveitado ano após ano e ser compartilhado por professores de diferentes turmas. Trata-se de material de aproveitamento bem variável.

Sugestão de discussão em espaços de formação continuada de professores (reuniões, seminários de estudo etc.)

Discuta com seus colegas os resultados dos trabalhos realizados: a adequação ou não da escolha das obras, os interesses e as dificuldades dos alunos, as novidades trazidas, as características das produções gráficas e eventuais possibilidades de redirecionamento das atividades.

Referências bibliográficas

BAKHTIN, M. *Estética da criação verbal*. São Paulo: Martins Fontes, 1992.

BARTHES, R. *A preparação do romance*. v. II. São Paulo: Martins Fontes, 2005.

BAUMAN, Z. *Modernidade e ambivalência*. Rio de Janeiro: Jorge Zahar, 1999.

COLOMER, T. *Siete Llaves para valorar las historias infantiles*. Madrid: Fundación Germán Sánchez Ripérez, 2005.

CULLER, J. *Teoria Literária*: uma introdução. São Paulo: Beca Produções Culturais, 1999.

DUARTE Jr, J. *O sentido dos sentidos*: a educação (do) sensível. São Paulo: Criar Edições, 2001.

ECO, U. *Seis passeios pelos bosques da ficção*. São Paulo: Companhia das Letras, 2006.

FRANCHI, E. *E as crianças eram difíceis...*: a redação na escola. São Paulo: Martins Fontes, 2002.

KIRCHOF, E. R. Estratégias de composição na literatura infantil contemporânea: a questão da diferença. *Ensino em Re-vista*, v. 18, n. 1, jan./jun., 2011. Disponível em: http://www.seer.ufu.br/index.php/emrevista/article/viewFile/12372/7180. Acesso em: 15 nov. 2011.

LARROSA, J. *Pedagogia profana*: danças, piruetas e mascaradas. Porto Alegre: Contrabando, 1998.

MARIN, L. Ler um quadro: uma carta de Poussin em 1639. In: CHARTIER, R. (Org.). *Práticas da leitura*. 2. ed. São Paulo: Estação Liberdade, 2001.

ROCHA, E. A. C. *Por que ouvir as crianças?* Algumas questões para um debate científico multidisciplinar. In: CRUZ, S. H. V. (Org.). *A criança fala*: a escuta de crianças em pesquisas. São Paulo: Cortez, 2008.

SILVEIRA, P. *"O sôra, isso não vai acontecer com a gente, né?"*: o que dizem as crianças sobre as diferenças mostradas em obras de Literatura Infantil brasileira contemporânea. 2009. Trabalho de Conclusão. Curso de Pedagogia, Faculdade de Educação, Universidade Federal do Rio Grande do Sul (UFRGS), 2009.

SILVEIRA, R. M. H.; BONIN, I. T. Lendo histórias: um estudo sobre o reconto de obras de literatura infantil por crianças do Ensino Fundamental. *Ensino em Re-vista*, v. 18, n. 1, jan./jun., 2011. Disponível em: http://www.seer.ufu.br/index.php/emrevista/article/viewFile/12371/7179. Acesso em: 15 nov. 2011.

WOODWARD, K. Identidade e diferença: uma introdução teórica e conceitual. In: SILVA, T. T. (Org.). *Identidade e diferença*: a perspectiva dos Estudos Culturais. Petrópolis: Vozes, 2000.

3. Deficiência e infância: representações de cegos e cadeirantes na literatura infantil contemporânea

3.1 À guisa de prólogo

As atuais discussões sobre as políticas de inclusão dos "diferentes" (em especial, os diferentes "deficientes") nas escolas e salas de aula regulares são bastante conhecidas no cenário pedagógico. Sem que nosso objetivo aqui seja retomar a genealogia de tal política, mas apenas o de apontar brevemente as raízes históricas da situação atual, nos valemos do exame de Mendes para lembrar que foi "A partir da década de 1970, [que] houve uma mudança, e as escolas comuns [nos EUA] passaram a aceitar crianças ou adolescentes deficientes em classes comuns, ou, pelo menos, em classes especiais", de tal forma que essa "filosofia foi amplamente difundida ao longo da década de 1980 no panorama mundial".[46]

46 Eniceia G. Mendes. A radicalização do debate sobre inclusão escolar no Brasil. *Revista Brasileira de Educação*, v. 11, n. 33, set./dez. 2006, p. 390.

Entretanto, tais intentos e as práticas correspondentes, inseridos no discurso mais amplo da integração, foram substituídos, desde a década seguinte, pelo movimento de inclusão escolar; para a autora, esse movimento surgiu de "forma mais focalizada nos Estados Unidos" e "ganhou a mídia e o mundo ao longo da década de 1990".[47] A Conferência Mundial sobre Educação para Todos, realizada em 1990, em Jomtien, Tailândia, promovida em conjunto pelo Banco Mundial, ONU, Unesco, Unicef e PNUD, com a consequente aprovação da Declaração Mundial sobre Educação para Todos, bem como a Declaração de Salamanca, resultado da Conferência Mundial sobre Necessidades Educacionais Especiais realizada em 1994, representam marcos da "difusão da filosofia da educação inclusiva", para usarmos ainda as expressões da autora citada.

Dentro desse quadro, ganharam espaço, no Brasil e em vários outros países, medidas pedagógicas orientadas por tal filosofia; no mesmo sentido, começou a despontar uma produção cultural que a elas se articula, uma vez que, como sabemos, as diferentes instâncias sociais e culturais se interpenetram e atuam umas em relação às outras. Nessa produção cultural, que vem preencher uma demanda específica por parte de professores, órgãos educacionais, instituições de formação de professores etc., insere-se a literatura para crianças e adolescentes – os principais alvos da educação escolar.

Por outro lado, como já foi comentado, o segmento editorial da literatura para a infância costuma

---

47 Ibidem, p. 391.

dar pronta resposta às demandas das instituições pedagógicas. Assim, a articulação entre a popularização do discurso e das políticas de inclusão nos últimos anos, bem como a "herança" de uma vocação pedagógica por parte da literatura infantil, provocarão significativo impacto na produção de obras infantis cujo principal tema narrativo seja a diferença – em especial, a deficiência –, quase sempre conjugada com políticas de inclusão ou de respeito à diversidade.[48]

É a partir dessas considerações iniciais que se organiza esta reflexão, cujo objetivo é analisar as representações do "outro deficiente" em obras de literatura infantil de autores brasileiros, ou traduzidas no Brasil, publicadas na última década. Foram escolhidas, para as presentes análises, dezessete obras: nove títulos cuja temática é o cadeirante ou o deficiente com dificuldade de locomoção e oito títulos cuja temática focaliza o cego ou deficiente visual; todos eles foram publicados entre 2002 e 2010, tendo sido editados por doze diferentes casas editoras, com 14 diferentes autores.

3.2 Narrando o deficiente nos livros de literatura infantil: interpretações múltiplas

De modo geral, há dois grandes grupos de livros infantis que abordam a temática da deficiência: de

48 Edgar Kirchof; Rosa M. H. Silveira. *Professoras moralizadoras, normalizadoras ou ausentes*: a literatura infantil retratando as diferenças. *Anuário de Literatura*, v. 13, n. 2, 2008. Florianópolis: UFSC, 2008. p. 57-76. Disponível em: http://www.periodicos.ufsc.br/index.php/literatura/article/view/7358/8406. Acesso em: 20 fev. 2012.

um lado, um grupo muito expressivo de obras tende a apresentar narrativas construídas de forma linear e com intuito pedagógico evidente. Essas obras acabam sucumbindo a uma espécie de esquema narrativo simplificado e um tanto quanto previsível, apresentando, nos desfechos, soluções harmônicas para os conflitos advindos da deficiência, sendo que tais soluções são invariavelmente balizadas por uma adesão explícita a políticas multiculturalistas e de inclusão.

Por outro lado, algumas obras revelam um investimento estético e poético cuidadoso na construção da linguagem verbal e imagética e, dessa forma, fogem de esquemas e fórmulas narrativas muito previsíveis, bem como de efeitos pré-fabricados pelas imagens.[49] A leitura de tais histórias leva o leitor a uma experiência interpretativa ampla e menos diretiva, na medida em que os significados possíveis das imagens e da narrativa não são dados como evidentes, mas passam a ser construídos, de maneiras diferentes, pelo próprio leitor.

O livro *O menino e a foca*, de Michael Foreman, por exemplo, constrói uma narrativa com forte apelo lírico, na perspectiva de um menino paraplégico. A história inicia com o encontro do menino e seu avô com uma foca que acabara de dar à luz um filhote, quando eles passeavam em uma praia rochosa em busca de mariscos. O desenvolvimento da his-

---

49 Sobre o conceito de *efeito pré-fabricado* por imagens de livros infantis, verificar Edgar Kirchof; Rosa M. H. Silveira. A imagem da diferença: um estudo sobre a ilustração na literatura infantil contemporânea. *Leitura. Teoria&Prática*, v. 55, p. 68-74, 2010.

tória segue os encontros e desencontros do menino com a foca e seu filhote, ao longo das estações do ano, sendo que, no final, há uma alusão à morte do avô: "Quando a primavera trouxe de novo as flores silvestres aos penhascos, trouxe também o menino, mas não o avô. O menino e seus amigos se aventuraram até bem longe pelos penhascos, mas não acharam nenhum sinal de focas".

Diferentemente dos livros com um explícito intuito pedagógico, em *O menino e a foca* não é a deficiência que desencadeia as ações narrativas, mas a passagem do tempo, marcada pelas estações do ano, conforme as quais estão divididos os capítulos do livro.

O livro negro das cores, de Menena Cottin e Rosana Faría, é outro exemplo de obra que foge de esquemas preconcebidos e intenções declaradamente pedagógicas ao abordar a temática da deficiência. Assim como em *O menino e a foca* a paraplegia não constitui o conflito que desencadeia as ações do enredo, também aqui não é a cegueira que desencadeia as ações narrativas, mas sim a tentativa de definir as cores a partir de relações sinestésicas. Não existe qualquer enunciado explícito, no texto verbal, informando o leitor de que Tomás, o protagonista, é cego. Tampouco as imagens fazem menção direta à cegueira. Por outro lado, essa temática é implicada ou insinuada, de forma sutil, quando o narrador afirma, já no início da história, que, "segundo Tomás, o amarelo tem gostinho de mostarda, mas é macio como as penas dos pintinhos".

Outros elementos estéticos e de endereçamento no livro também contribuem para que o leitor relacione a história com a temática da cegueira. Por outro lado, esses elementos atuam mais como *topics* interpretativos[50] do que como informações explicitadas, mobilizando o leitor não para decodificar uma mensagem unívoca sobre a deficiência, mas para cooperar ativamente com a construção de interpretações possíveis. Nesse sentido, o predomínio da cor negra em todas as páginas do livro pode ser visto como um *topic* destinado a chamar a atenção do leitor para a temática da cegueira. Da mesma forma, a própria temática da definição das cores a partir de sensações e analogias também atua como um *topic*. Por fim, existem alguns elementos de endereçamento que também apontam para essa temática, principalmente a escrita em Braille em todas as páginas, as imagens em relevo e o abecedário Braille, no fim do livro.

Dessa forma, ao abordar a questão da deficiência na infância – tanto a paraplegia quanto a cegueira –, os autores de *O menino e a foca* e *O livro negro das cores* são capazes de contornar respostas preconcebidas ou discursos cristalizados sobre essa temática, deixando que o próprio leitor busque conexões entre o fato de os protagonistas serem deficientes e as ações narrativas em que estão envolvidos. Nesse sentido, a interpretação não é prevista, nesses livros, como um convite para que o

---

50 Um *topic* pode ser definido como um elemento metatextual destinado a orientar as direções interpretativas adotadas pelo leitor (Umberto Eco. *Lector in fabula*: a cooperação interpretativa nos textos narrativos. São Paulo: Perspectiva, 1986. p. 71).

leitor decifre e acabe aceitando mensagens prontas ligadas a políticas específicas de inclusão. Antes, o que ocorre é uma mobilização do leitor para que reflita sobre diferentes possibilidades de interpretação das imagens e dos textos associados à temática da deficiência.

3.3 Narrando o deficiente nos livros de literatura infantil: interpretações limitadas

A maioria dos livros produzidos em torno do tema da deficiência – física ou visual –, contudo, não prevê muitas possibilidades interpretativas, mas direciona o olhar do leitor para uma mensagem que parece se repetir *ad infinitum*: a diferença/deficiência não é um empecilho para a felicidade.

A estrutura narrativa dessas obras é muito semelhante. Geralmente, elas são construídas a partir do esquema quinário simples e linear, no qual há uma situação inicial (1), um conflito ou perturbação (2), um desenvolvimento das consequências desse conflito (3), um desfecho – em que o conflito pode ter uma solução positiva ou negativa – (4) e uma situação final – algo narrado após a apresentação da solução do conflito (5). Como não poderia deixar de ser, a temática da deficiência (física ou visual), nos livros aqui analisados, integra-se ao próprio conflito narrativo. Aliás, uma rápida vista de olhos aos títulos das obras comprova tal focalização, na medida em que, majoritariamente, os autores já buscam, nos próprios títulos, evidenciar a temática: *Olhos de ver*; *Rodrigo enxerga tudo*; *Dorina viu*; *Nós, os cegos, enxergamos longe*; *Vendo sem enxergar*... (no caso dos livros que tematizam os cegos) e *Rodas, pra que te quero*; *Rodas gigantes*; *Meus pés são a cadeira de rodas* (no caso dos cadeirantes).

Se a temática da deficiência se insere no próprio conflito narrativo, o desenvolvimento narrativo geralmente apresenta, como principais consequências do conflito, as angústias geradas e as dificuldades experimentadas pelos protagonistas (detalhadamente descritas ou apenas aludidas), que podem ser motivadas pela falta de rampas em locais públicos, pela dificuldade de ler e escrever de forma convencional, em especial no ambiente escolar regular (afinal, o mundo retratado pelos livros é o mundo onde imperam as políticas de "inclusão", em que todos estudam na mesma escola e sala de aula), pelo modo estranho como são tratados por pessoas não deficientes, pelo desejo de realizar atividades de mais difícil execução para um deficiente físico e visual, principalmente jogos e brincadeiras com os demais colegas de escola etc.

Um dos fatos que mais chamam a atenção em tais obras, contudo, é o tipo de desfecho, predominantemente positivo e harmônico, caracterizando o universo do deficiente infantil como alegre, feliz e pacificado. Em grande parte dos livros, as angústias do conflito – sempre a deficiência – são superadas através de alguma atividade compensatória: se a personagem não pode se locomover como os demais, possui outras habilidades, como inteligência, dedicação ao estudo e, mesmo, esportividade, o que acaba gerando uma espécie de **retórica da compensação**. Se o protagonista é cego, pode ser caracterizado como muito divertido, muito inteligente ou – e este é um *topos* constante – tem muito mais conhecimentos sobre múltiplos aspectos do mundo do que as demais personagens sem deficiência visual e com a mesma idade.

Em algumas histórias, as próprias muletas e a cadeira de rodas (no caso dos deficientes físicos) ou a bengala e o alfabeto Braille (no caso dos deficientes visuais) funcionam como o elemento da compensação, apresentados como suficientes (ou quase) para amenizar os eventuais efeitos negativos da deficiência. Além disso, geralmente na situação final, na voz e perspectiva do narrador, são inseridas assertivas em favor de políticas de inclusão, diversidade e aceitação das diferenças.

Em termos de composição, as obras aqui analisadas precisam encontrar uma forma de solucionar o seguinte dilema: de um lado, o imperativo de construir protagonistas nos moldes tradicionais de histórias infantis, caracterizados positivamente, já que devem transpor os obstáculos apresentados no decorrer do enredo; de outro lado, porém, o protagonista deficiente já estaria marcado, *a priori*, por um traço incomum em personagens-heróis de histórias tradicionais, a deficiência: "um obstáculo em princípio intransponível", uma vez que habita um corpo marcado pela "falta, carência ou impossibilidade" (Silva, 2006, p. 426). O dilema que se coloca, portanto, é: como construir um herói capaz de superar a própria deficiência?

A principal estratégia discursiva empregada para lidar com esse problema – que, em princípio, seria de caráter composicional, mas, efetivamente, está relacionado com o próprio funcionamento da sociedade – consiste no apagamento (ou minimização) das possíveis consequências advindas da diferença abordada e sua respectiva superação por meio de atitudes ou acontecimentos compensatórios. Dessa forma, aquilo que seria visto como desvantagem (as consequências da deficiência) pode ser transformado em vantagem (a superação).

Assim, em *Olhos de ver*, narrado em 1ª pessoa por um amigo do protagonista cego, a descrição das habilidades de Rafael é entremeada por exclamações e avaliações positivas. "É o queridinho da professora de Redação, porque escreve umas peças de teatro bem legais (...)"; "É incrível este moleque! Você precisa ver as esculturas de argila que ele faz. Só tira 10 em Artes!"; "Rafael é muito divertido, muito inteligente e muitas outras coisas muito legais"; "Ele é um ótimo goleiro quando a turma se reúne pra jogar futebol. Sério mesmo!". Também se faz referência a outra dimensão que reaparece em quase todos os livros que focalizam protagonistas deficientes visuais: "Como ele não usa os olhos, tem ouvidos superatentos, conhece todo mundo pela voz, pela respiração ou até pelo cheiro!!!".

Em *Rodrigo enxerga tudo*, novamente temos um narrador criança que apresenta o seu amigo cego, e este dá detalhadas lições de como vê "as coisas de um outro modo" e de como resolve os vários problemas de seu cotidiano. Trata-se da obra com maior número de referências a detalhes concretos da vivência cotidiana do cego em cidades brasileiras – pisar em cocô de cachorro, bater com a cabeça em orelhões etc. – e apresenta um autêntico herói: ativo, eloquente, mobilizador e consciente.

Aliás, em várias obras, observa-se a ênfase na amizade e na integração das personagens cegos infantis em seus grupos etários, de videntes. Em *Um amigo especial*, livro produzido a partir do programa Cocoricó, da TV Cultura, apresenta-se a amizade entre Júlio e Mauro, este, um menino cego que é convidado para visitar a Fazenda Cocoricó, onde ele se integra com facilidade às brincadeiras do grupo. Na obra, a questão da compensação não é tão enfatizada quanto a facilidade gerada pela integração do menino cego no grupo de brincadeiras e sua possibilidade de "ensinar"; assim, Júlio escreve em seu diário: "Sabe, diário, é tão legal o jeito do Mauro escrever! Ele vai fazendo furinhos no papel. [...] A gente brinca muito e eu aprendo várias coisas com ele. Aprendi até a escrever meu nome em Braille, a escrita dos cegos".

Vendo sem enxergar, o livro de publicação mais recente entre os analisados, de autoria do conhecido quadrinista Mauricio de Sousa, de certa maneira aprofunda o *topos* do menino cego que percebe e capta muito mais coisas do que os meninos videntes e, assim, se dedica a explicar a sua "visão", provocando espanto no interlocutor. Tonico, o menino cego, acompanhado pelo amigo, vai descrevendo o que vê, enquanto caminha: "O Sol ainda está forte... mas a luz dele já está meio amarelada. Daqui a pouco, no fim da tarde, fica mais amarelo. [...] Tem uma estrada, lá longe, com caminhões e automóveis passando. Mas tem, também, um avião, bem no alto. Quase não dá pra você ver." O amigo, em certo momento, questiona: "E como você sabe tudo isso se é cego, Tonico?" E Tonico responde: "Sei muito mais, Zé. Nem dá tempo de falar tudo o que vou percebendo. Mas... só pra explicar um pouco... Sei que o céu está azul porque senti o Sol forte quase todo o tempo no meu rosto". E seguem outras lições diversificadas, que transformam o menino cego no professor do menino que enxerga. Registre-se que a alusão a essas diferentes outras "leituras" do ambiente pelo protagonista cego, diversas das dos eventuais leitores videntes, pode constituir importante elemento de interesse para esses últimos.

Dorina viu traz uma versão para crianças da história da vida de uma conhecida e atuante professora cega brasileira.[51] Novamente, a compensação da perda mencionada no episódio em que "um dia, Dorina acordou e não viu mais nada! Seu mundo ficou escuro..." se concentra na descrição de "ou-

---

51 Trata-se da professora Dorina de Gouvêa Nowill, nascida em São Paulo em 1919 e falecida em 2010, que, a partir da sua própria experiência, dedicou sua vida a atividades e empreendimentos para possibilitar aos cegos uma vida digna e o amplo acesso a bens culturais.

tras formas de visão": "A menina descobriu que os dedos também veem e que podemos ler o mundo com eles. [...] Então ela percebeu que os dedinhos enxergam mais do que os olhos, sabe por quê? Porque com eles a gente pode sentir".

Em *Nós, os cegos, enxergamos longe*, o protagonista cego, única personagem deficiente que é adulto no conjunto de obras analisadas, é um autêntico herói acompanhado por uma cadela-guia; numa época de grandes compras e movimento na cidade, encontra uma menininha perdida, chorando, e, depois de várias peripécias – durante as quais tem oportunidade de ensinar à garotinha muitas coisas sobre sua forma de "enxergar" e agir no cotidiano –, consegue devolvê-la a seus pais.

Há obras, entretanto, que fogem à utilização do esquema compensatório. Este é o caso de *O perfume do mar*, livro dirigido a um leitor um pouco mais maduro. Consiste em um texto que se abre a três vozes: a de Toninho, o menino protagonista cego, falando principalmente de seus sentimentos, de sua relação com amigas, mãe, pai, cachorro, e de outras experiências importantes, como conhecer o mar; a voz da mãe, falando sobre a "criação" do filho ("eu acho importante o Tonico, de vez em quando, ganhar experiências, presentes que ele não pode pegar") e a voz do pai, que fala principalmente sobre a relação de amizade entre pai e filho. Fugindo ao padrão da lógica compensatória de apresentação dos protagonistas deficientes, o livro focaliza principalmente o relacionamento do menino cego com a família, sem abordar as questões de enfrentamento social mais amplas nem atribuir ao menino cego poderes extraordinários.

Quando nos voltamos para as obras que focalizam os deficientes físicos, vemos que, em *Júlia e seus amigos*, por exemplo, a personagem paraplégica é caracterizada desde o início como uma grande leitora: "Adorava ganhar livros de presente e imaginar o mundo das histórias que lia. Quando encontrava uma palavra que não conhecia, Júlia olhava logo no dicionário para descobrir o que queria dizer". A paraplegia da personagem é como que compensada por sua intelectualidade. Ressalte-se que, na escola, é justamente por sua inteligência e esperteza que Júlia consegue conquistar a amizade da turma.

Rodas gigantes também serve para exemplificar esse fenômeno, pois Caio, a personagem cadeirante, é descrito como um grande praticante de esportes: "Na piscina, parece um peixe. Nunca vi braçadas tão fortes!". Em seguida, destaca-se também sua habilidade com esportes não aquáticos: "Nas rodas de vôlei, com a bola girando em suas mãos, é o maior"; "Pra jogar basquete ganhou uma cadeirinha especial, com as rodas inclinadas. E faz cestas de frente, de costas, e dribla, como ninguém, amigos com ou sem rodas!". Por fim, como se não bastassem os atributos esportivos, Caio também possui inteligência privilegiada: "Caio é o sucesso nas rodas de bate-papo, falando difícil as palavras que aprende nos dicionários".

A maneira como o apagamento das consequências advindas da condição de paraplegia e cegueira é sistematicamente praticado nas narrativas gera algo que já denominamos de retórica da compensação: a cada limitação motivada pela deficiência, enfatizam-se qualidades positivas das personagens deficientes – que podem ser físicas, morais e intelectuais – ou acontecimentos positivos, que lhes permitem superar a limitação de forma extremamente simples, tornando possível a manutenção de um mundo feliz e idealizado. Em termos de enredo, essa superação se dá a partir da articulação entre o **conflito** – na maioria das obras, a deficiência – e o **desfecho** – frequentemente algum tipo de superação de suas consequências nefastas.

Em *Júlia e seus amigos*, o conflito se caracteriza pela inserção de Júlia, a personagem principal, cadeirante, em uma escola regular que passará a frequentar pela primeira vez. As consequências dessa perturbação narrativa iniciam já com a ansiedade da personagem sobre sua aceitação, com a existência de uma rampa inadequada na escola, sua tentativa de sair para o recreio e um tombo. A superação, por sua vez, ocorre quando todos os colegas – sensibilizados pela queda – passam a ajudá-la na locomoção, o que propicia o início de sua socialização. Em poucos termos, os colegas não se aproximavam de Júlia apenas porque não sabiam como fazê-lo, e o tombo da menina, algo negativo, serviu para uni-los, o que foi uma consequência positiva.

Em *Meus pés são a cadeira de rodas*, o principal conflito ocorre no dia em que Maria, a personagem cadeirante, sai pela primeira vez para fazer compras. Além dos empecilhos físicos, como ausência de rampas, o que realmente incomoda a personagem é a reação das demais pessoas, que não param de observá-la, de um lado, e procuram realizar todas as tarefas por ela, de outro. Tais atitudes fazem com que Maria se sinta mal, pois quer ser como qualquer outra pessoa. O conflito é resolvido quando Maria faz amizade com Jonas, um menino gordo, que também se sente discriminado: "Mas você usa uma cadeira de rodas. E eu sou mais gordo que os outros. Você e eu temos algo especial". A compensação da deficiência ocorre, nessa história, através da conquista de uma nova amizade – não por coincidência, a amizade com uma personagem também caracterizada por uma diferença.

Em *O muro*, narrado em primeira pessoa, o protagonista apresenta uma visão um tanto intimista e melancólica, motivada pela angústia gerada pela compreensão de sua cadeira de rodas (aqui uma metonímia da condição de deficiente) como um limite (figurativizado pela metáfora do *muro*, presente no próprio título). A superação, nessa narrativa, é psicológica, marcada pela mudança de atitude por parte do narrador-protagonista: em vez de cultivar a autopiedade, ele passa a enfrentar heroicamente o muro, o que lhe traz um novo estado de espírito. Resumindo, a superação ocorre pela atitude corajosa da personagem em enfrentar sua própria condição, buscando novos horizontes e alterando seu estado de ânimo melancólico para um estado mais otimista. Aliás, o enfrentamento da própria condição também é a superação do conflito narrativo em *Dorina viu*, em que a personagem, após tornar-se cega, descobre as possibilidades da "visão dos dedos".

No livro *Dognaldo e sua nova situação*, a personagem principal, Dognaldo, é um cãozinho muito feliz que vive no mundo perfeito chamado *Doglândia*. O conflito da narrativa se dá quando Dognaldo sofre um atropelamento na rua e vai para o hospital. Curiosamente, nessa narrativa, a resolução positiva se dá justamente quando se descobre que Dognaldo está paraplégico: ao menos, ele sobreviveu. A história termina de um modo absolutamente inverossímil, já que a vida de Dognaldo não sofre nenhuma alteração, apesar de ele ter ficado paraplégico: "Dognaldo não deixou de fazer o que gostava e continuou a empinar pipas, mas agora sentado na sua cadeira de rodas". Ou seja, o conflito foi resolvido com a cadeira de rodas, e Dognaldo poderá continuar vivendo como se nada tivesse acontecido. É o mesmo tipo de lógica encontrado no livro, da mesma autora, *O problema da centopeia Zilá*. A deficiência que a personagem possui em uma de suas cem pernas é resolvida facilmente com a compra de um sapato especial. Daí em diante, a vida de Zilá fica ainda mais colorida, pois, na própria loja em que realiza a compra do sapato especial, já inicia uma paquera com o vendedor, Godofredo.

Em *Rodas gigantes*, a personagem cadeirante, Caio, vive num mundo perfeito, pois sua deficiência é aparentemente superada pela cadeira de rodas: "Suas rodas são suas pernas! E com seus braços e sua força de vontade, lá vai ele". O único conflito surge, no entanto, quando os lugares públicos em que Caio pretende circular não estão aparelhados com rampas: "E falta rampa nas calçadas, é escada pra lá e pra cá. Fica difícil entrar na escola, passear no *shopping*, no cinema, em tanto lugar...". A resolução, por sua vez, acontece em função da atitude politizada do protagonista, que denuncia essa situação às autoridades competentes: "Caio não se faz de bobo, roda a baiana e reclama, usando todas as palavras difíceis que conhece. Já escreveu até pra jornal!".

Também a politização das atitudes em prol dos direitos dos deficientes integra a resolução dos conflitos de *Rodrigo enxerga tudo*; há toda uma mobilização pela obrigação de que os donos de cachorros limpem as fezes de seus animais nas ruas, pelo cumprimento do dispositivo legal de presença diária de uma professora "tradutora" de Braille etc.

É importante notar que, em muitos livros, essa retórica da compensação está aliada a um discurso de **aceitação** e de **respeito às diferenças**, geralmente apresentado pela voz do narrador. O livro já mencionado *Júlia e seus amigos* conclui a narrativa com uma espécie de "celebração das diferenças", com o narrador afirmando que todas as personagens "sabiam que as pessoas são diferentes e que cada um tem um talento especial". No livro *O campeão* esse aspecto também é muito nítido. O principal conflito gravita em torno do fato de Danilo, o protagonista, querer brincar de bola, pega-pega e outros jogos infantis, mas não poder fazê-lo por ser paraplégico. No entanto, Danilo consegue vencer uma corrida quando seus colegas tentam correr com os pés tortos. Assim sendo, a diferença é superada quando se estende a todos os demais personagens: se todos têm os pés tortos, então ninguém é diferente! Todos se tornam iguais, já que todos são "diferentes".

No conjunto aqui analisado, *Rodas, pra que te quero* é o livro que apresenta o discurso de aceitação das diferenças de forma mais explícita: a solução do conflito da personagem principal, Tchela, está diluída em todas as etapas do enredo, na medida em que a menina, embora paraplégica, vive uma vida absolutamente normal, sem ser discriminada por nenhum amigo ou familiar e sem sofrer limitações significativas em sua vida cotidiana por não poder andar. Essa estratégia de resolução é explicitada no fim da história, quando a mãe de Tchela conversa com uma professora para conseguir uma vaga em uma escola especial. Quando a professora inicia um "discurso de piedade" ("que sofrimento a pobrezinha deve ter passado") ao se referir a Tchela, sua mãe enuncia uma espécie de "discurso da integração", com tons pedagógicos, no qual afirma que a infelicidade de uma criança pode vir de "abandono", "maus-tratos", "desinteresse", "fome", mas jamais de uma deficiência, já que "com carinho, brinquedo, amor, comida, qualquer criança é feliz".

3.4 Palavras finais

Em termos muito resumidos e simplificados, nas obras aqui analisadas foi possível detectar duas tendências principais quanto ao tratamento composicional conferido às narrativas infantis sobre a deficiência: por um lado, algumas obras constroem enredos que mobilizam o leitor para que realize a leitura de modo a cooperar ativamente com a construção de diferentes interpretações para o texto verbal e as imagens. Por outro lado, a maior parte das obras analisadas está imbuída de uma intencionalidade pedagógica bastante explícita, construindo mensagens relativamente simples a partir de esquemas narrativos previsíveis e repetitivos. Muitas dessas obras revelam uma pedagogia segundo a qual é possível ser feliz mesmo sendo deficiente, se houver a determinação de superar os limites impostos pela deficiência. Em especial, nos livros que abordam o cego ou deficiente visual, a diferença é apresentada como uma fonte de sabedoria que ultrapassa em muito a sabedoria das personagens que veem e lhes é, de forma geral, inacessível.

Essa necessidade de **superação** ou **apagamento** da diferença, imposta pela retórica da compensação, presente em muitas das obras analisadas, corre o risco de legitimar a visão do deficiente como um ser anormal que é necessário corrigir, sendo que essa "correção" se daria, nas narrativas, a partir do esforço por parte dos protagonistas para superar as limitações impostas pela condição da deficiência.

Por fim, ainda que não tenha sido feita uma exaustiva busca empírica sobre a penetração desses livros no espaço pedagógico, vários indícios apontam para sua popularidade e larga utilização. Assim, no mínimo três dos títulos foram incluídos no PNLD-SP de 2006 (*O campeão*, *Júlia e seus amigos*, *Um amigo especial*), enquanto outros figuram como aquisições obrigatórias em listas de materiais para educação infantil e/ou anos iniciais de escolas privadas (disponíveis na internet). Outros, embora de publicação recente, já se encontram em 3ª edição. Ou seja: além de seu poder pedagógico no circuito cultural mais amplo, essas obras (ou grande parte delas) circulam, sim, nas salas de aula brasileiras, sendo "trabalhadas" por professores e constituindo mais uma peça – importante, sem sombra de dúvida – das políticas de inclusão. Elas acabam por ensinar que o "diferente deficiente" é, de certa forma, excepcional em sua superação, que ocorre num mundo ficcional onde os preconceitos e as dificuldades são por vezes minimizados e atenuados, quando não deixam, simplesmente, de existir.

Nossa leitura de tais livros pretendeu, justamente, contribuir para uma análise mais aguda dessas obras e de outras que tematizam a deficiência e, como consequência, possibilitar uma seleção mais adequada de títulos e/ou um trabalho mais crítico em relação aos títulos disponíveis para o professor e os alunos dos anos iniciais.

Obras infantis citadas

BRAZ, J. E. *O muro*. São Paulo: Paulinas, 2003.

CAMPOS, C. L. *O campeão*. Ilustrações: Cecília Esteves. São Paulo: Escala Educacional, 2005. (Coleção Sinto tudo isso e mais um pouco.)

CARNEIRO, A.; CÁLAMO, M. *Rodas, pra que te quero*. Ilustrações: Laurent Cardon. São Paulo: Ática, 2006.

CHARAN FILHO, M. *Rodrigo enxerga tudo*. Ilustrações: Valeriano. São Paulo: Nova Alexandria, 2006.

COTES, C. *Dorina viu*. Ilustrações: Dimaz Restivo. São Paulo: Paulinas, 2006.

COTTIN, M.; FARÍA, R. *O livro negro das cores*. Rio de Janeiro: Pallas, 2010.

CRESPO, L. *Júlia e seus amigos*. Ilustrações: Murilo. São Paulo: Nova Alexandria, 2005.

FOREMAN, M. *O menino e a foca*. São Paulo: Ática, 2002.

GOUVEIA, L. A. *Rodas gigantes*. Salvador: Fala Menino, 2003.

______. *Olhos de ver*. Salvador: Fala Menino, 2003.

HONORA, M. *Dognaldo e sua nova situação*. Ilustrações: Index Art & Studio. São Paulo: Ciranda Cultural, 2008.

______. *O problema da centopeia Zilá*. Ilustrações: Index Art & Studio. São Paulo: Ciranda Cultural, 2008.

HUAINIGG, F.-J. *Meus pés são a cadeira de rodas*. Ilustrações: Verena Ballhaus. São Paulo: Scipione, 2005.

______. *Nós, os cegos, enxergamos longe*. Ilustrações: Verena Ballhaus. São Paulo: Scipione, 2005.

PEDERIVA, C. *Um amigo especial*. São Paulo: Melhoramentos, 2006.

RIBEIRO, J. *O perfume do mar*. Ilustrações: Márcia Széliga. São Paulo: Editora Salesiana, 2006.

SOUSA, Mauricio de. *Vendo sem enxergar...* Ilustrações: Anderson Mahanski. São Paulo: Globo, 2009.

Para aprofundar conhecimentos e práticas

I – Sugestão de reflexão e análise crítica individual ou em grupo: interpretando as narrativas sobre a diferença

Localize, na biblioteca de sua escola, em outra biblioteca disponível ou em seu acervo pessoal, três livros que abordem ou tenham personagens deficientes. Analise cada um desses livros atentando para as seguintes questões:

a) A narrativa possui intuito pedagógico explícito? Em caso positivo, que "mensagem" está sendo veiculada pela história? Há um tom compensatório na apresentação das personagens deficientes?

b) É possível interpretar a relação das personagens com a deficiência de maneiras distintas? Em caso positivo, procure construir pelo menos duas interpretações diferentes.

c) De que forma as imagens interagem com o texto verbal para representar a deficiência? (a deficiência é descrita e/ou representada imageticamente? Como?)

d) A deficiência está colocada como um dos conflitos que impulsionam as ações narrativas? Em caso positivo, que tipo de desfecho é proposto?

II – Sugestão de prática pedagógica

Agora que você já fez uma interpretação das obras selecionadas, planeje uma estratégia de trabalho com os livros na sala de aula. Você poderá ler com os alunos as obras analisadas, discutindo as situações narradas e as reações das personagens e propiciando o confronto delas com as experiências das próprias crianças. Procure não ser prescritivo, permitindo que os alunos manifestem suas experiências, sentimentos, dúvidas, temores, conhecimentos e percepções vindas da família etc.

Após o término da discussão, diferentes atividades podem ser propostas. Algumas possibilidades são, entre várias outras, as seguintes:

- *solicitar a reescrita da história com um outro desfecho.*
- *inventar uma nova história com a(s) personagem(ns) dos livros, colocando-as em outro tempo (as personagens cresceram, por exemplo), outro espaço ou outra situação.*
- *usar outras formas de expressão – dramatização de uma cena, desenho – da história lida ou reinterpretada.*

Referências bibliográficas

ECO, U. *Lector in fabula*: a cooperação interpretativa nos textos narrativos. São Paulo: Perspectiva, 1986.

KIRCHOF, E. R.; SILVEIRA, R. M. H. A imagem da diferença: um estudo sobre a ilustração na literatura infantil contemporânea. *Leitura. Teoria & Prática*, v. 55, 2010. p. 68-74.

_______. Professoras moralizadoras, normalizadoras ou ausentes: a literatura infantil retratando as diferenças. *Anuário de Literatura*, v. 13, n. 2, 2008. Florianópolis: UFSC. Disponível em: http://www.periodicos.ufsc.br/index.php/literatura/article/view/7358/8406. Acesso em: 20 fev. 2012.

MENDES, E. G. A radicalização do debate sobre inclusão escolar no Brasil. *Revista Brasileira de Educação*, v. 11, n. 33, set./dez. 2006. p. 387-405.

SILVA, Luciene M. da. O estranhamento causado pela deficiência: preconceito e experiência. *Revista Brasileira de Educação*. v. 11, n. 33, set./dez. 2006. p. 424-434.

4. Os surdos na literatura infantil: alternativas de abordagem e visões infantis sobre personagens surdas

Tradicionalmente, a literatura para crianças não abriu muito espaço para personagens surdas e a abordagem da temática da surdez só começou a proliferar nos últimos anos. Esse aumento da presença de personagens surdas e da temática surda não foi por acaso, mas teve como uma das causas a ampliação das discussões e lutas da comunidade surda por sua cultura e seu reconhecimento não mais como um conjunto de "pessoas deficientes", mas como sujeitos com marcas culturais distintas e plenas.

4.1 Diferentes visões sobre os surdos: um olhar clínico e um olhar cultural

Para tornar mais clara essa nova abordagem, é preciso relembrar o que se tem identificado como diferentes visões da surdez. De um lado, há uma visão que é tradicional e identificada como um modelo clínico de surdez, também nomeado como "ouvintista". Dentro dessa visão, os sujeitos surdos (quase sempre descritos como "deficientes auditivos") são vistos como pessoas deficientes, para quem "faltam" a audição, a fala e até a linguagem, de maneira geral; então, sua "deficiência" deveria ser corrigida por meio de aparatos médicos e/ou eletrônicos (aparelhos de surdez, implantes cocleares, por exemplo). De acordo com o modelo clínico, o próprio sujeito surdo deve ser "normalizado" por intermédio da oralização, da leitura labial e da adaptação máxima ao mundo ouvinte, a suas condições e regras.

O modelo antropológico[52] ou a abordagem da comunidade surda como compartilhando uma cultura, a "cultura surda", é uma visão mais recente, que se expandiu no Brasil nos últimos quinze anos, e teve efeitos tanto no plano legal, como a instituição da Lei 10.436/2002, que oficializou a Língua Brasileira de Sinais (Libras), quanto na educação e na própria produção cultural. A publicação de um livro como *Cultura surda na contemporaneidade*, em 2011, com artigos de pesquisadores brasileiros e internacionais que focalizam literatura, cinema, internet, humor e outros aspectos da cultura surda, mostra a riqueza desta abordagem. Segundo Karnopp, Klein e Lunardi-Lazzarin, a "experiência visual está relacionada com a cultura surda, repre-

---

52 Carlos Skliar. *A surdez*: um olhar sobre as diferenças. Porto Alegre: Mediação, 1998.

sentada pela língua de sinais, pelo modo diferente de ser, de se expressar e de conhecer o mundo".[53] As autoras também afirmam que a cultura surda não é algo "localizado, fechado, demarcado", mas, sim, "algo híbrido, fronteiriço", considerando que todas as culturas estão envolvidas entre si. Também se costuma apontar a Língua Brasileira de Sinais (Libras) como o principal marcador identitário da cultura surda no Brasil.

Com base em uma ampla pesquisa que coordenam, essas autoras mostram que, na análise de 90 produções editoriais (livros e DVDs) brasileiras, "oficializadas por uma autorização editorial",[54] verificaram-se "descontinuidades discursivas", nas quais os movimentos surdos, por intermédio de suas lideranças, lutam por questões relacionadas ao reconhecimento político e identitário dos surdos. Entre os títulos catalogados evidenciam-se, ao lado das representações clínicas, também obras que contêm a presença de personagens surdas, intérpretes de língua de sinais, elementos da cultura surda e predominância de aspectos visuais, entre outros, que possibilitam a produção de outros olhares acerca da surdez.

Um pouco dessas descontinuidades é que veremos a seguir, fixando-nos, especificamente, nos livros de literatura para crianças.

---

53 Lodenir Karnopp; Madalena Klein; Márcia Lise Lunardi-Lazzarin. Produção, circulação e consumo da cultura surda brasileira. In: ____ (Orgs.). *Cultura surda na contemporaneidade*: negociações, intercorrências e provocações. Canoas: Ulbra, 2011. p. 19.
54 Ibidem, p. 23.

4.2 Literatura infantil: histórias e personagens surdas

Como as personagens surdas – geralmente crianças surdas – foram e são tratadas atualmente nos livros de literatura infantil?

Em um dos primeiros artigos sobre o tema, Silveira relata sua empenhada busca de livros infantis que tematizassem a surdez ou tivessem protagonistas surdos, no fim dos anos 1990. Apenas sete títulos (o último, com data de 1998) foram então localizados, concluindo-se, portanto, que existia uma "escassez da abordagem da temática da surdez ou mesmo da presença de personagens surdas nos enredos".[55] Em algumas das obras encontradas, havia uma preocupação com o ensinamento claro do que seria "ser surdo" – dentro de uma visão clínica, como na obra *Nem sempre posso ouvir vocês*, de Joy Zelonky (São Paulo: Ática, 1988), narrativa sobre uma menina surda e sua busca de "normalização" (pelo uso de aparelho auditivo, principalmente) e de integração numa escola que hoje seria chamada de "inclusiva"; trata-se de obra ainda hoje presente em bibliotecas de escolas infantis. Já em outros livros, a apresentação de uma personagem surda (adulta) tinha um motivo humorístico, para fazer rir do "surdinho".[56] Resumindo, representações da cultura surda e de

---

55 Rosa M. H. Silveira. Contando histórias sobre surdos(as) e surdez. In: Marisa V. Costa (Org.). *Estudos culturais em educação*: mídia, arquitetura, brinquedo, biologia, literatura, cinema... Porto Alegre: UFRGS, 2000. p. 179.

56 A utilização de personagens surdas para produzir um humor fácil, geralmente em decorrência dos problemas de comunicação entre surdos e ouvintes, é tradicional também em várias mídias, como a TV, em especial nos programas humorísticos.

línguas de sinais em livros para crianças eram, então, muito raras (décadas de 1980 e 1990) e se alinhavam mais a um intuito humorístico, ou a uma visão clínica.

Karnopp e Machado, num estudo bem posterior ao de Silveira, realizaram um extenso levantamento de "materiais produzidos no período de 2000 a 2005, que apresentem a língua de sinais e/ou que abordem temas relacionados aos surdos",[57] e analisaram, entre outros materiais, um conjunto de sete livros impressos publicados entre 2000 e 2007. Os autores concluem que esses últimos apresentam muita variedade nos "objetivos, formas de apresentação e [...] modo como narram os surdos nos enredos apresentados". Em sua análise, os autores mostram uma novidade; eles afirmam que, em sua maioria, nos livros analisados

> o enredo, a trama, a linguagem utilizada, os desenhos e a escrita dos sinais (SW) evidenciam o caminho da autorrepresentação dos surdos na luta pelo estabelecimento do que reconhecem como suas identidades, legitimando sua língua, suas formas de narrar as histórias, suas formas de existência, suas formas de ler, traduzir, conceber e julgar os produtos culturais que consomem e que produzem.[58]

É importante registrar que os autores analisaram livros como *Rapunzel Surda*, *Cinderela Surda*,

---

57 Lodenir Karnopp; Rodrigo N. Machado. Literatura surda: ver histórias em língua de sinais. 2º Seminário Brasileiro de Estudos Culturais em Educação (CD) — 2º SBECE. Canoas: Ulbra, 2006. p. 2.
58 Ibidem, p. 8.

Patinho Surdo, *Adão e Eva*,[59] em que clássicos da literatura para crianças ou histórias tradicionais são recontados por autores surdos, que transformam um ou mais personagens em protagonistas surdos, com todas as mudanças culturais correspondentes. Em *Cinderela Surda*, por exemplo, a protagonista não perde o sapatinho, mas, sim, uma luva, que remete à importância das mãos na cultura surda. Também as línguas de sinais estão presentes em todas as quatro obras, de acordo com a importância central que elas têm na cultura surda e na caracterização do "ser surdo".

Num estudo realizado em 2009, Silveira e Mourão analisaram as obras *O canto de Bento* e *Família Sol-lá-si*, com 1ª edição em 2008, pertencentes a uma coleção de livros da editora Ciranda Cultural, que aborda várias diferenças (encaradas como deficiências). Todos os livros da coleção utilizam protagonistas animais infantis, que personificam várias "deficiências", como cegueira, deficiência motora, síndrome de Down, déficit de atenção etc.

Os dois títulos analisados no artigo trazem histórias com personagens infantis animais surdas, em que a família descobre sua diferença/deficiência e procura resolver o "problema". Entretanto, cada história tem um final diferente. Em *Família Sol-lá-si*, o protagonista elefantinho passa a usar uma prótese auditiva e é encaminhado para uma fonoaudióloga. Não há nenhum elemento da cultura surda, mas uma

59 As referências completas de todas as obras infantis citadas estão no fim do capítulo.

visão clínica da surdez, conforme mencionamos anteriormente. Já em *O canto de Bento*, o protagonista, uma coruja, pode aprender uma "língua diferente da língua falada", em que são usadas "asas falantes". Os autores do estudo, ao analisar ambos os livros, mencionam que, no caso do livro sobre a personagem Bento, há um paratexto que explica existir o canto dos sinais para "pássaros que não conseguem cantar". Os protagonistas surdos são apresentados pela falta, pela carência, por "não conseguirem",[60] mesmo no caso em que se aborda a língua de sinais.

Outro artigo mais recente[61] analisa outras cinco obras de literatura infantil que têm como personagem central uma "criança" surda – um feijãozinho surdo que nasce numa família de feijões ouvintes (*O feijãozinho surdo*); dois irmãos surdos que nascem em uma família ouvinte (*Mãos tagarelas, bocas sorridentes*); uma menina surda que, pequena, não sabe que mistério têm as bocas "mexedeiras", que fazem as pessoas se comunicar, enquanto ela, ao mexer a boca, não obtém os mesmos resultados (*Um mistério a resolver*: o mundo das bocas mexedeiras); um menino surdo, que receberá "óculos de ouvido", ou seja, uma prótese auditiva, e vai frequentar uma escola inclusiva (*Óculos de ouvido*); e, por fim, a história de outro menino, Cauã (*A casa amarela*), em que se sublinham suas carências ("Ele

60 Carolina H. Silveira; Cláudio H. N. Mourão. Literatura infantil: música faz parte da cultura surda? In: Seminário Nacional de Educação, Inclusão e Diversidade. Taquara, 2009. p. 5.

61 Rosa M. H. Silveira; Carolina H. Silveira; Iara Tatiana Bonin. Literatura infantil do século XXI: surdez e personagens surdos. In: Lodenir Karnopp; Madalena Klein; Márcia L. Lunardi-Lazzarin (Orgs.). *Cultura surda na contemporaneidade*: negociações, intercorrências e provocações. Canoas: Ulbra, 2011.

vive num mundo *sem* som, e, neste mundo de silêncio, muitas dificuldades precisam ser superadas", por exemplo [grifo nosso]) e se narra sua redenção, tanto pela aprendizagem da língua de sinais quanto pela profusão de amigos, pelas novas aprendizagens e oportunidades.

As autoras observam que, nessas cinco novas obras, há menção à língua de sinais (Libras, no caso brasileiro) de um ponto de vista positivo, considerando sua importância e centralidade numa concepção de cultura surda. Um dos títulos, *Mãos tagarelas, bocas sorridentes*, faz referência às mãos que falam, ao mesmo tempo que *O feijãozinho surdo* assume, a exemplo de livros anteriores, a denominação "surdo", escolhida pela própria comunidade surda como a mais adequada, e não nomeações que sublinham uma pretensa deficiência: deficiente auditivo, surdo-mudo ou, mesmo, surdinho. Por outro lado, também se observa o surgimento de uma temática antes inexistente que se relaciona com uma questão atual – a questão da escolha da escola mais adequada para as crianças surdas.

Além de todos os livros recentes já citados e analisados, que trazem como protagonistas crianças surdas, mais três obras, antes não analisadas, vão ser brevemente abordadas aqui.

Denomina-se a primeira *Mingau e o pinheiro torto*, de autoria de Telma Guimarães de Castro Andrade, e faz parte do projeto "Compartilhar", da própria editora (Editora do Brasil). No livro, temos uma história narrada em 1ª pessoa por um menino surdo, chamado André, que assim inicia: "Aprendi bem cedo, com um professor, a linguagem dos sinais. É que nasci surdo, então, para me comunicar com os outros, nada melhor do que usar minhas mãos". O foco da história são as vivências de um menino surdo e sua amizade com um agitado gatinho de três patas, o que passa a ideia de uma afinidade especial entre o menino surdo ("deficiente") e o gato atropelado, a quem falta uma pata.

Há, nessa história, uma valorização da língua de sinais, apesar de o texto apresentar dois problemas: a nomeação de língua de sinais como "linguagem de sinais" e, mais importante, nas páginas 7, 9 e 15, a representação de diálogos em que o narrador, o menino surdo, se comunica com seus interlocutores por meio de frases sinalizadas, palavra por palavra, com alfabeto manual e não com os sinais pertencentes às línguas de sinais! Assim, na página 7, o menino responde a seus pais com a seguinte frase: "Claro! Eu sou surdo e vocês não me devolveram!", toda ela desenhada em alfabeto manual, com um sinal por letra, o que não corresponde a uma comunicação fluente em Libras. Parece que essa confusão é uma tendência bastante geral no contexto social mais amplo. Silveira, ao examinar capas de livros relativos à surdez e ao mundo surdo, observou que

> nas capas dos livros exemplificados [...] nove delas possuem fotos e desenhos com o alfabeto manual, e isso mostra a ideia da língua de sinais como vinculada à gramática sequencial, de tra-

> dução de letra por letra, palavra por palavra das línguas orais para a língua de sinais. De forma geral as pessoas pensam que o alfabeto manual é a representação da língua de sinais.[62]

Também algumas passagens de *Mingau e o pinheiro torto* reforçam uma visão da surdez como deficiência, como condição que é sempre avaliada em relação à norma ouvinte. Assim, na primeira página do texto, a personagem narrador, ao se apresentar, diz: "Tenho vários amigos. Alguns são como eu, mas a maioria ouve tudo. Posso dizer que também ouço. Sabe como? Ouço com o corpo as palavras da minha mãe, o que diz meu pai e até os animais".

É possível que essa passagem faça referência a possíveis vibrações que o som das palavras produziria na personagem surda, fato bastante discutível, ou então seria uma referência a uma sensibilidade especial do menino. Além disso, o próprio personagem, que também é o narrador, produz uma fala compensatória: "... eu não sei ler boca de gato, mas acho que o fato de não ouvir me deixa mais sensível para as coisas que acontecem à minha volta" (p. 6). Aliás, o próprio desenrolar do enredo, em que o menino surdo e seu gato de três pernas protegem a si mesmos e a outras crianças de um ladrão que invade o quintal da casa onde estão, parece confirmar essa tendência compensatória, que já abordamos no

62 Carolina H. Silveira. Análise de imagens em capas de livros sobre Educação de Surdos e Libras. In: Anais do 4º Seminário Brasileiro de Estudos Culturais e Educação/ 1º Seminário Internacional de Estudos Culturais e Educação. Canoas, 2011. p. 14.

capítulo anterior, segundo a qual personagens consideradas deficientes devem ter virtudes ou poderes extraordinários.

Outro livro que deve ser mencionado tem por título *O silêncio de Júlia* e foi lançado em 2011. Em primeiro lugar, é preciso chamar a atenção para a escolha da palavra "silêncio" no título (que já apareceu em muitos títulos de filmes com personagens surdas) e para a ênfase na questão do uso dos instrumentos musicais, que serviriam como ponte para a amizade entre a personagem Júlia, a menina surda, e André, o menino ouvinte. Também se deve ressaltar que, dentro de uma visão que pretende respeitar a cultura surda, as personagens são apresentadas como se comunicando em "linguagem de sinais", e não língua de sinais, como seria adequado. Também é bastante incomum o recurso a questões de audição e de produção e audição musical dentro do contexto da cultura surda; nesse sentido, é interessante observar a insistência do narrador nas sensações da personagem em relação ao som do tambor.

Já em *Clara, a ovelhinha que falava por sinais*, outra obra de 2011, temos uma personagem animal, a ovelha, que é surda. Apesar do título, que valoriza a língua de sinais, verifica-se inicialmente a presença de marcadores de uma visão clínica de surdez: assim, a ovelhinha é representada com um aparelho no ouvido, correspondendo à seguinte passagem do texto: "Clara quase não ouvia, por isso, usava um pequeno aparelhinho no ouvido"; a placa da escola à qual Clara é levada tem a inscrição "Instituto Ovelha – aprendizado para portadores de deficiência auditiva"; também em determinada passagem do texto, com uma função evidentemente pedagógica, o narrador informa: "E mesmo sendo tão diferentes por fora [as ovelhinhas que frequentavam a escola], todas tinham uma coisa em comum. É que elas não podiam ouvir ou então ouviam muito pouquinho". Em outra passagem, enfatiza-se a falta: "Até as ovelhinhas da vizinhança que ouviam bem vinham brincar com Clara. Muitas brincadeiras podem ser feitas sem falar". O final também está de acordo com a visão celebratória e sentimental em relação aos "deficientes" e com o papel frequentemente bondoso atribuído às professoras: "Tia Lu chorou de emoção e pensou: 'Essa ovelhinha inteligente e querida vai longe'".

Por ser um livro de grandes dimensões, com cores chamativas e papel resistente, é possível que ele tenha ampla penetração nas escolas; entretanto, é preciso reconhecer que tem um viés claramente pedagógico e formativo.

Feita esta breve incursão sobre as abordagens contemporâneas sobre surdos e surdez e também sobre estudos de livros infantis que incorporam personagens surdas, ou buscam trazer elementos da cultura surda, vamos agora analisar aspectos de uma experiência de leitura compartilhada com um livro específico, denominado *Tibi e Joca*: uma história de dois mundos.

4.3 Representações de surdos por crianças ouvintes, a partir da discussão do livro *Tibi e Joca*: uma história de dois mundos

Dentro do projeto mais geral, escolheu-se uma obra que tematizava a questão da surdez para leitura conjunta e discussão com as crianças das escolas. O livro escolhido foi *Tibi e Joca*: uma história de dois mundos, de Cláudia Bisol, com capa, diagramação e ilustrações de Marco Cena e participação especial de Tibiriçá Maineri. O livro foi publicado pela Editora Mercado Aberto em 2001.

Figura 3 – Capa do livro *Tibi e Joca*.

Trata-se de um livro com algumas características diferentes, que passamos a descrever. A introdução – intitulada "Uma história para surdos e ouvintes" – já dá algumas pistas sobre as características do livro: "Esta história de um menino surdo é parecida com a de muitas outras crianças que nasceram ou ficaram surdas. Dúvidas, desespero, culpa, acusações, sofrem os pais. Solidão, um imenso sem-sentido, um mundo que teima em não se organizar, sofre a criança." Também uma frase do paratexto da 4ª capa define para quem a obra é endereçada: "Este livro pode ser facilmente compreendido por crianças surdas e ouvintes".

O objetivo do livro, de atingir ao mesmo tempo crianças ouvintes e surdas, fica claro pela opção de tecer uma narrativa predominantemente visual, com poucas palavras que funcionam como "legendas", que ora definem/descrevem os acontecimentos ("nasci", "língua de sinais"), ou sintetizam a fala de uma das personagens ("surda"), ora descrevem sentimentos e sensações: "felicidade", "dúvidas", "culpa", "tristeza", "solidão", "difícil".

O enredo poderia ser assim resumido. Um casal festeja o nascimento do filho e, em seguida, o livro apresenta o 1º aniversário do menino, situação em que, pela indiferença da criança ao barulho ao seu redor, começam a surgir as primeiras pistas de que ele tem "algo de diferente". Outras situações, como a de um sino tocando e os pais gritando, sem nenhum sinal de desconforto ou atenção por parte do menino, inquietam os pais. No quadro seguinte, são retratados os pais levando o menino ao hospital e, em seguida, a conversa com o médico, que dá o diagnóstico: "Surdo!".

Nas ilustrações seguintes veem-se cenas em que os pais discutem, culpando-se mutuamente, e uma série de imagens que focalizam a crescente solidão e tristeza do menino, perdido entre as conversas (representadas pela onomatopeia bla, bla, bla) dos adultos falantes. Observe-se que, desde o começo da história, mas não em todos os quadros, aparece um pequeno personagem, geralmente ao pé da página, como se estivesse "assistindo" aos eventos, ao qual se atribui, por meio de flechas, um movimento de mãos (certamente, observa-se aí uma prova do direcionamento do livro às crianças surdas).

A partir desse momento da história, essa personagem passa a adquirir mais importância (sendo até representada em tamanho maior) e é apresentada como tendo uma ideia, que seria a de "salvar" o protagonista de sua solidão e tristeza, valendo-se para isso de um avião a partir do qual é lançada uma corda – esta pode ser lida metaforicamente como um "instrumento de resgate" para livrar o protagonista, o menino Tibi, da solidão. O amigo salvador leva, então, o protagonista a um ambiente onde outras pessoas sinalizam, e o quadro seguinte, ao focalizar mãos em movimento e apresentar a legenda "língua de sinais", aponta para momentos de felicidade da personagem central, comunicando-se com novos amigos.

A imagem seguinte mostra os pais aprendendo a sinalizar com dificuldade, imagem à qual está acrescentada a palavra "Difícil!". Entretanto, novo conflito narrativo se esboça – os pais e outras personagens são mostrados num "mundo" (representado por um corte do globo terrestre) com a placa "ouvintes", enquanto o protagonista está em "outro mundo", com a placa de "surdos", como se eles estivessem separados. Os quadros finais encaminham a solução do conflito, pelo uso do coração como símbolo, da palavra "amor" e da representação de um abraço entre pai, mãe e filho, inclinados sobre o espaço que divide os dois planetas; sugere-se, enfim, uma conciliação entre dois mundos cuja diferença poderia ser superada.

Uma última palavra sobre as sessões de leitura partilhada realizadas no projeto. Dada a grande força narrativa das ilustrações e a inexistência de um número maior de exemplares, optou-se por trabalhar com o livro por meio de sua reprodução em transparências, nas quais foram apagadas as palavras-legenda. O objetivo era reconstruir com a turma, em conjunto, usando perguntas sucessivas, o eixo principal do enredo, em especial a identificação dos dois principais conflitos narrativos que a história continha: o que estava acontecendo com o menino? Na condição de surdo, como tirar o menino protagonista da solidão, mas não isolá-lo da família?

Posteriormente à leitura conjunta e discussão das imagens, os alunos, organizados em dupla, receberam uma montagem de xerocópias reduzidas da história e também cópias das palavras excluídas nas imagens, em pequenas fichas, para que encontrassem o lugar adequado para inseri-las, numa espécie de quebra-cabeça de conexão imagem-legenda. Esta atividade suscitou muita curiosidade, como já mencionamos no capítulo 1.

É preciso ressaltar que o uso do retroprojetor era uma novidade para as turmas das três escolas e as sessões foram acompanhadas pelas três turmas com interesse e intensa participação.

As crianças já vinham interagindo com as pesquisadoras havia vários encontros, e, assim, já estavam acostumadas com a câmera de vídeo. A pesquisadora que coordenou as sessões anunciou que fariam uma "leitura de uma história só com imagens", que os alunos teriam de ir "dizendo o que estava acontecendo" e que, à medida que as imagens avançassem, haveria um questionamento e discussão sobre o que ali estava sendo representado. Evidentemente, as falas se sobrepunham, havia trocas, discussões, divergências e observações que nem sempre puderam ser resgatadas a partir da assistência ao vídeo e unificadas, sob pena de se perder o ritmo da "narrativa" e as condições de interesse do trabalho conjunto.

O que vamos discutir brevemente diz respeito apenas a algumas manifestações de alunos, provocadas pelas professoras-pesquisadoras, à medida que iam lendo em conjunto o livro, reproduzido integralmente, como dissemos, em transparências projetadas na parede da sala.

Em primeiro lugar, vamos analisar algumas falas das crianças sobre a condição da personagem Tibi, em relação à própria terminologia usada tanto para designarem a personagem quanto para se referirem à forma específica de comunicação mostrada no livro. Assim, vejamos algumas manifestações e comentários das crianças, quando descobrem que Tibi é surdo nas imagens do livro que retratam pai e mãe se acusando mutuamente ou quando interpretam uma imagem em que muitas personagens sinalizam, o que é mostrado por linhas que indicam movimentos ao redor das mãos.

C1: *Ah, já seeeei... ele é mudo!*
C2: *Eu acho que ele é surdo...*
C3: *Mas ele é pequenininho... tem que ver o tamanho dele...*
C4: *Ele, o gurizinho que não escuta, está no mundo dos gestos.*
C5: *Agora ele tem orelha...* [olhando as imagens do livro, que nem sempre mostram claramente as orelhas dos personagens]
C6: *Ele tem, mas é surdo...*
C7: *Acho que todos são surdos.*
C8: *Porque algum deles é surdo-mudo.*

Observa-se, claramente, que, enquanto algumas crianças já têm conhecimento do termo corrente atualmente para nomear o surdo, que é "surdo" e não "deficiente auditivo" ou "surdo-mudo" ou "mudo", como mencionamos, outras utilizam as expressões que costumam ouvir no cotidiano. Em encontros posteriores, quando a professora-pesquisadora buscava relembrar o livro trabalhado e discutido no encontro anterior, as expressões "surdo-mudo" e "mudo" reapareciam, muito mais do que "deficiente auditivo", que não emergiu nesse contexto. É interessante a associação que um aluninho faz entre a falta da orelha, na representação caricatural da personagem feita pelo ilustrador, e o fato de ser surdo. Também outra associação é feita entre o tamanho do menino e o fato de não poder ser surdo!

Vejamos outras partes em que a pesquisadora, ao mostrar a ilustração que representa várias personagens sinalizando, questiona as crianças sobre a interpretação da gravura:

P: *Como é o nome desta língua?*
C1: *Mímica...*
C2: *Surdez...*

P: *O que vocês acham que essas pessoas estão fazendo?*
C3: *Conversando com o Tibi na linguagem de gestos.*
P: *Conversando com o tibi na língua de sinais... Como vocês sabem disso?*
C4: *Porque ele é surdo.*
C5: *Acho que todos são surdos.*

P: *E o que vemos aqui?* [Em relação à gravura da página onde há dois mundos representados.]
C6: *É o mundo dos surdos que não escutam e falam por gestos...*
C7: *Ali é um mundo que ele não pode ouvir nem falar....*

P: *O que significa este sinal?* [Faz o sinal correspondente a "eu amo você".]
C8: *Na linguagem dos mudos, quer dizer "eu te amo".*

Não só as crianças se referem aos surdos como surdo-mudo ou mudo, mas também arriscam descrever a língua de sinais, por meio de nomeações correntes do meio social em que se inserem: mímica, gestos. A esse respeito podemos refletir sobre o seguinte:

> "Gestos" é uma forma inadequada de se referir a Libras, pois normalmente é usada para descrever a movimentação gestual dos ouvintes, acompanhando a língua falada. O uso de "gestos" mostra a confusão entre uma língua estruturada (Libras) e um sistema auxiliar (gestos de quem é falante).[63]

Outro aspecto importante, perceptível nas falas das crianças, é que algumas delas pareceram querer "curar" o menino, torná-lo ouvinte, numa busca de normalização que também perpassa outras diferenças, como se pôde constatar em outras sessões realizadas com as crianças do projeto.[64]

> C1: *Agora ele vai começar a escutar.* [Diz um menino ao observar uma nova imagem].
>
> P: *Por que será que estão alegres?* [Referindo-se a uma imagem em que Tibi e Joca se cumprimentam com expressão feliz].
> C2: *Porque eles conseguiram falar.*
> C3: *Eu acho que o Joca ajudou o Tibi a falar.*
>
> P: *De que modo?*
> C4: *Com as mãos... com os gestos.... com os sinais...*

63 Carolina H. Silveira. Representações de surdos/as em matérias de jornais e revistas brasileiras. *Revista Educação*, v. 33. Santa Maria: UFSM, 2008. p. 178.
64 No capítulo 1, relembramos como – numa tarefa de quadrinização em que deveria ser inserida a personagem menino paraplégico de *O menino e a foca* – as crianças frequentemente "curavam" a personagem.

P: *Por que os pais estão contentes, estão sorridentes, agora?* [Ao observar uma imagem em que os pais veem Tibi conversar alegremente com outras crianças surdas.

C5: *Não dá para saber...*
C6: *Porque ele voltou pra casa...*
C7: *Porque ele não é mais surdo?*
C8: *Eu acho que ele continua surdo. Ele está lá falando língua de sinais com todo o mundo.*
C9: *Porque ele tem amigos agora...*

É interessante também observar como, em conjunto, parece possível às crianças irem reformulando suas concepções, embora muitas partam da ideia de que não seria possível ser feliz e alegre sendo surdo (ideia de falta). Reforçando esse ponto, diante das imagens que mostram Tibi solitário, mergulhando num túnel escuro que simboliza o isolamento, ocorre o seguinte diálogo, em que a resposta da criança é, evidentemente, inverossímil:

P: *O que será que o Tibi está sentindo?*
C: *Ele está triste, porque ele ouviu o que ele tinha. Quando os pais estavam discutindo ele ficou sabendo...*

Após o término da leitura conjunta, foi feita uma discussão com as crianças das três turmas, que tinham ficado bastante motivadas pela narrativa visual bem-sucedida da obra. A seguir, transcrevemos alguns trechos:

P: *Quem já viu uma pessoa surda?*
C1: *No ônibus....*

P: *E como tu sabes que ela é surda ?*
C2: *Eu vi a mulher fazendo gesto.*

P: *Onde vocês viram pessoas surdas?*
C1: *Na parada.*
C2: *No restaurante.*
C3: *Na igreja.*

P: *Já viram surdo na TV?*
C4: *No basquete...*
C5: *No negócio da igreja quando dá... sempre*
C6: *Quando tem um programa... se é livre*
C7: *Eu olho no Show da Fé, que tem um homem...*
C8: *Quando dá política na televisão...*
C9: *No desenho...*

P: *Por que tem [o intérprete] na TV?*
C10: *Porque quem é surdo pra entender.*

Verificou-se que as crianças que vivem em espaços urbanos mencionam contatos mais próximos com pessoas surdas em vários lugares: vizinhos, familiares e parentes distantes, por exemplo. Também fazem referências a avós, que usam "aparelhos" auditivos, e trazem vários elementos e experiências, por vezes desencontradas, outras vezes já permeadas por informações obtidas na própria escola (uma vez que, considerando as três turmas das três escolas, estávamos trabalhando com crianças de 8 a 11 anos).

Já as crianças da escola de zona rural, talvez por não transitarem em espaços mais habitados e citadinos (algumas confessaram, em outras ocasiões, ficarem tontas em supermercados) e, por casualidade, não terem contato direto com surdos, parecem ficar restritas à experiência de ver intérpretes na TV (que não são surdos, mas pressupõem a existência de surdos). Também é importante registrar que, em uma das escolas, algumas crianças fizeram evidente confusão entre surdos e cegos, chegando um aluno a afirmar que os intérpretes de TV, que sinalizam sobre a adequação de programas a faixas etárias, são cegos. Por outro lado, a TV, como em muitos outros campos, também parece encarregada de propiciar acesso a conhecimentos que não vêm da experiência cotidiana. Assim, uma menina de escola rural relembra a existência, na novela *Cama de gato*, de "um menino que usa aparelho para tocar piano".

Por outro lado, um aluno, durante a realização do trabalho posterior à discussão conjunta, chamou um pesquisador para cochichar que "tinha medo de surdo". Nesse sentido, não são tão surpreendentes os diálogos ocorridos em uma escola.

P: *Vocês podem ter amigos surdos?*
C1: *Não...*
C2: *Sim!*

P: *Mas será que só os surdos é que sabem a língua de sinais?*
C3: *Não, não... Gente também (diz um).*

P: *Mas surdo não é gente?*
C: *É, é* [*gritam os colegas*].

4.4 Palavras finais

Com base neste percurso pela literatura infantil que apresenta personagens surdas, podemos chamar a atenção para dois aspectos importantes, considerando que, embora se registre nítido aumento de títulos para crianças com tal temática, se comparados com os disponíveis apenas uma década atrás, esse aumento quantitativo não parece ter se articulado a alguns cuidados textuais.

Por um lado, é importante a produção e a leitura de livros que tragam aspectos verossímeis e importantes sobre a cultura surda, sem a ênfase, por exemplo, na busca de uma normalização e de uma pretensa "correção" do surdo – com recurso ao uso de música, instrumentos musicais, por exemplo – e sem a utilização de estratégias de superação que o tornem um "quase ouvinte", condição que parece necessária para que o surdo se torne suficientemente "humano". Torna-se necessária a produção de uma literatura que emerja de um conhecimento consistente e profundo da cultura surda e da comunidade surda, com suas especificidades e potencialidades. A própria utilização de termos corretos como "língua de sinais", "Libras", "surdo", embora possa parecer apenas um detalhe "politicamente correto", vai muito além da questão dos rótulos, para sinalizar um compromisso com a diferença e com o direito de o diferente se autorrepresentar, abandonando-se termos que supõem uma minorização e desqualificação: surdo-mudo, mímica, gesticulação etc.

Por outro lado, de forma semelhante ao que ocorre com a produção sobre outras diferenças, seria desejável que os livros se qualificassem literariamente, deixando de lado o acento pedagógico e formativo e apostando na originalidade, no humor, no inusitado, na polissemia, no aproveitamento inteligente da articulação texto verbal-imagem. Uma literatura que atendesse simultaneamente a uma inserção na cultura e na identidade surda e aos requisitos de literariedade representaria uma fonte de experiências ricas e sensibilizadoras, tanto para as crianças surdas quanto para as crianças ouvintes. Nesse sentido, também autores surdos poderiam dar sua importante contribuição.

Obras infantis citadas

ANDRADE, T. G. C. *Mingau e o pinheiro torto*. Ilustrações: Sabrina Eras. São Paulo: Editora do Brasil, 2006.
BISOL, C. *Tibi e Joca*: uma história de dois mundos. Ilustrações: Marco Cena. Porto Alegre: Mercado Aberto, 2001.
CORAN, P.; FLORIAN, M. *O silêncio de Júlia*. Tradução: Heloísa Prieto. São Paulo: FTD, 2011.
FERRARI, K. *A casa amarela*. Fundação Educar Dpaschoal, 2008. Disponível em: http://www.educardpaschoal.org.br/web/upload/NossosLivros/pdf_casa_amarela.pdf.
Acesso em: 25 abr. 2011.
HESSEL, C.; ROSA, F.; KARNOPP, L. *Cinderela Surda*. Canoas: Ulbra, 2003.
KLEIN, C. *Clara, a ovelhinha que falava por sinais*. Blumenau: Blu Editora, 2011.
KUCHENBECKER, L. G. *O feijãozinho surdo*. Canoas: Ulbra, 2009.

OLIVEIRA, M. A. A. de; CARVALHO, O. V. G. de; OLIVEIRA, M. L. M. B. de. *Um mistério a resolver*: o mundo das bocas mexedeiras. Belo Horizonte: Del Rey, 2008.

PAULA, L. S. B. de. *Óculos de ouvido*. Ilustrações: Juliane Assis. Belo Horizonte: RHJ, 2009.

RIBEIRO, J. *Mãos tagarelas, bocas sorridentes*. Juiz de Fora: Franco Editora, 2006.

ROSA, F.; KARNOPP, L. *Adão e Eva*. Canoas: Ulbra, 2005.

______. *Patinho Surdo*. Canoas: Ulbra, 2005.

SILVEIRA, C. H.; ROSA, F.; KARNOPP, L. *Rapunzel Surda*. Canoas: Ulbra, 2003.

ZELONKY, J. *Nem sempre posso ouvir vocês*. São Paulo: Ática, 1988.

Para aprofundar conhecimentos e práticas

Sugestão de reflexão e análise crítica individual ou em grupo

Se possível, localize livros de literatura infantil com personagens surdas (você pode se valer da listagem do boxe anterior) e analise-os previamente a partir das observações deste capítulo: eles têm uma visão clínica? Que tipo de vocabulário é usado? Há uma visão compensatória das personagens surdas? O livro, ou livros, tem um componente literário e tratamento imagético apreciável – originalidade, surpresa, fuga ao estereótipo, soluções inusitadas?

Sugestões de práticas pedagógicas

A partir da análise feita acima, você pode trabalhar com o livro (ou livros) com seus alunos, discutindo-o(s) e suge-

rindo, por exemplo, que eles tomem a personagem surda como referência para inventar outras peripécias ou que inventem outra personagem (de outro gênero, por exemplo) e a façam agir em situações diferentes e desafiadoras.

Para ter mais conhecimentos sobre a cultura surda e os surdos, sugira a seus alunos que pesquisem dicionários de Libras em sites *da internet, se a ela tiverem acesso, e que cada um pratique seu nome em alfabeto manual. Lembre-se de explicar que Libras não é uma língua universal, pois cada país tem uma língua de sinais diferente.*

Você pode pedir a seus alunos que conversem em família, ou com amigos ou pessoas próximas, sobre o conhecimento que eles têm de pessoas surdas, se sabem como é sua comunicação, suas atividades, sua família. Em aula, você pode fazer uma roda de conversa sobre esse tema.

Também pode pesquisar notícias ou reportagens que façam referência a pessoas surdas, debatendo os termos mais adequados e os inadequados, como "linguagem de sinais", "surdo-mudo", "mudo", entre outros.

Referências bibliográficas

KARNOPP, L.; KLEIN, M.; LUNARDI-LAZZARIN, M. L. Produção, circulação e consumo da cultura surda brasileira. In: ____ (Orgs.). *Cultura surda na contemporaneidade*: negociações, intercorrências e provocações. Canoas: Ulbra, 2011.

KARNOPP, L.; MACHADO, R. N. Literatura surda: ver histórias em língua de sinais. 2º Seminário Brasileiro de Estudos Culturais em Educação (CD) – 2º SBECE. Canoas: Ulbra, 2006.

SILVEIRA, R. M. H. Contando histórias sobre surdos(as) e surdez. In: COSTA, M. V. (Org.). *Estudos culturais em educação*: mídia, arquitetura, brinquedo, biologia, literatura, cinema... Porto Alegre: UFRGS, 2000.

SILVEIRA, R. M. H.; SILVEIRA, C. H.; BONIN, I. T. Literatura infantil do século XXI: surdez e personagens surdos. In: KARNOPP, L.; KLEIN, M.; LUNARDI-LAZZARIN, M. L. (Orgs.). *Cultura surda na contemporaneidade*: negociações, intercorrências e provocações. Canoas: Ulbra, 2011.

SILVEIRA, C. H. Representações de surdos/as em matérias de jornais e revistas brasileiras. *Revista Educação*, v. 33. Santa Maria: UFSM, 2008.

______. Análise de imagens em capas de livros sobre Educação de Surdos e Libras. In: Anais 4º Seminário Brasileiro de Estudos Culturais e Educação / 1º Seminário Internacional de Estudos Culturais e Educação. Canoas, 2011.

SILVEIRA, C. H.; MOURÃO, C. H. N. Literatura infantil: música faz parte da cultura surda? In: Seminário Nacional de Educação, Inclusão e Diversidade. Taquara, 2009.

SKLIAR, C. *A surdez*: um olhar sobre as diferenças. Porto Alegre: Mediação, 1998.

5. Ovelhas, galinhas, coelhos e outras criaturas: os animais nos livros de literatura infantil

Parece-nos quase automática a associação entre animais e literatura infantil, ou melhor, entre "animaizinhos" e "livros para crianças". Afinal, no que se convencionou chamar de produção cultural para a infância, no século XX e neste início de século XXI (desenhos animados, histórias em quadrinhos, brinquedos, revistas, joguinhos, livros para crianças), proliferam os ursinhos, os gatinhos, os pôneis, os coelhinhos e outros seres "fofinhos" ou, por outro lado, animais representados como assustadores, malévolos, astutos etc. Era de esperar, portanto, que, em qualquer lista ou acervo de literatura infantil contemporâneo, fosse elevado o número de livros com personagens animais.

Tal é o caso do conjunto de livros que tratam de **diferença** e **alteridade**, e é neste veio que se situa o presente capítulo, cujo objetivo é analisar um conjunto de obras para crianças protagonizadas por animais – ovelhas, vacas, pássaros, porcos, gatos, dentre outros, no sentido de discutir a maneira como se dá a antropomorfização dessas personagens e a forma como a questão da diferença é tratada a partir da sua utilização.

Inicialmente, traremos alguns dados sobre como as personagens animais ganharam espaço no cenário da literatura infantil, em conexão com determinadas concepções de infância e das funções da própria literatura. A seguir, passaremos à análise de um conjunto de 75 obras selecionadas para este estudo – todas com personagens animais e, igualmente, disponíveis para crianças brasileiras em livrarias ou bibliotecas – apontando tendências, limites, fragilidades e potencialidades literárias de algumas dessas obras.

5.1 A inserção das personagens animais na literatura infantil

Se a preocupação com a produção de livros para as crianças é vista, hoje, com naturalidade, cabe relembrar, conforme argumenta Shavit,[65] que os princípios e conceitos envolvidos nessa preocupação são relativamente novos, uma vez que o entendimento atual sobre a categoria infância remonta apenas, no mundo ocidental, a mais ou menos dois séculos (Ariès, 1981).

Assim, a produção de livros para crianças também é bastante recente, já que ela só pôde acontecer

---

65 Zohar Shavit. *Poética da literatura para crianças*. Lisboa: Editorial Caminho, 2003.

depois se ter desenvolvido a noção de infância: "antes de poder haver livros para crianças, tinha de haver crianças".[66] Além disso, os primeiros livros publicados com o intuito de ensinar as crianças a ler continham muitos princípios religiosos e morais, já que a "ideia básica era a de que, através dos livros (necessariamente de natureza religiosa), a criança seria disciplinada no caminho da aprendizagem e da fé em Deus".[67]

Entretanto, há de se considerar que, no início do século XVII, os interesses de leitura das crianças iam além da assim chamada leitura religiosa, uma vez que, com base em outras premissas educacionais, novos modelos de escrita para crianças "entraram na cena da literatura canonizada". Nessa época, passou-se a aceitar o "divertimento" como fazendo parte do livro, a fim de torná-lo mais atrativo para o público infantil. Começou a haver, então, um grande estímulo para os escritores para crianças, pois os livros eram considerados uma ferramenta-chave para o processo da educação. Segundo Shavit, "a mudança mais significativa iniciada pela escola moralista reside na nova razão de ser dos livros. [...] Aqui a leitura era encarada como o melhor meio não para conhecer as Escrituras, mas sim para atingir outros objetivos educacionais".[68]

Essas mudanças no modelo educacional engendraram modificações significativas no sistema da literatura para crianças, havendo, inclusive, a criação

66 Ibidem, p. 22.
67 Ibidem, p. 186.
68 Ibidem, p. 189.

de novos padrões, que Shavit denomina também de modelos de literatura. Entre eles, situa-se o que privilegiava as histórias de animais, que se desenvolve nos séculos XVIII e XIX, amparando-se na imaginação. Há que se considerar, entretanto, que no século XVIII foi formulada uma distinção entre a fábula – que compreendia a história de animais – e o conto de fadas: conforme pondera Shavit, "aquela encontrava-se dentro dos limites legítimos da literatura para crianças, enquanto este representava o pior uso possível da caracterização imaginária".[69]

Mesmo que as fábulas tenham sido posteriormente incluídas nas leituras adequadas para os infantes, elas faziam parte de um tipo de "história didática dos animais", ou seja, durante muito tempo os enredos dessas histórias privilegiavam não um animal específico, mas a relação entre esse animal e a criança. Tal fato se deve ao entendimento de que a atitude de uma criança em relação a um animal é que revelava sua verdadeira personalidade. Sendo assim,

> o bom comportamento conduzia invariavelmente a um comportamento melhor e culminava numa vida decente e moral, enquanto o mau comportamento conduzia a um comportamento pior, resultando na morte da criança, ou na sua transformação num adulto mau e maldoso. Esta convicção era o tema principal de todas as histórias de animais para crianças da época e aparece repetidamente em vários textos.[70]

69 Ibidem, p. 193.
70 Ibidem, p. 194.

A estima por tais histórias só começa a diminuir na metade do século XIX, quando começa a despontar um modelo imaginativo no sistema de histórias infantis, que acaba por substituir a oposição entre fábulas e contos de fadas. No novo modelo, "os animais constituíam as figuras principais ou exclusivas de livros para crianças do século XIX e do século XX".[71]

Gomes, em breve estudo sobre a presença de animais em obra da literatura infantojuvenil portuguesa, entende que essa presença envolve uma complexidade cultural e psíquica, "sinalizando o modo como os animais povoam obsessivamente o quotidiano e o imaginário, deixando marcas nos nossos enunciados linguísticos, nos nossos tropos e nas nossas criações míticas e artísticas".[72] Efetivamente, o autor nos relembra a presença dos animais desde os relatos bíblicos da Arca de Noé, passando pelas fábulas de La Fontaine, pelos animais dos contos de Perrault e dos irmãos Grimm (relembremos o Gato de Botas, por exemplo, ou os ratos transformados em lacaios, em algumas versões da Cinderela), pelo Patinho Feio de Andersen, pela raposa de Saint-Exupéry, para chegar à *Revolução dos Bichos*, de Orwell. Para nós, brasileiros, é impossível não registrar a presença das personagens Rabicó e Quindim (e da assustadora Cuca, em forma de jacaré), na mais fa-

---

71 Ibidem, p. 195.

72 José António Gomes. Bichos e bichanos, homens e rapazes: da presença de animais a literatura para a infância. Todos os rapazes são gatos de Álvaro Magalhães: In: Fernando Azevedo et al. (Coord.). *Imaginário, identidades e margens*: estudos em torno da literatura infantojuvenil. Vila Nova de Gaia: Gailivro, 2007. p. 96.

mosa turma de nossa literatura infantil – a do Sítio do Picapau Amarelo, de Monteiro Lobato.

Estudos a respeito de livros infantis produzidos na atualidade também destacam a recorrência e a relevância das personagens animais. Colomer, em abrangente pesquisa envolvendo 201 narrativas incluídas em 150 obras publicadas em língua espanhola ou catalã a partir da década de 1970, aponta que, para livros destinados a leitores na faixa de 5 a 8 anos, o gênero que mais se destaca é o da assim chamada fantasia moderna, sendo que as narrativas de animais constituem a linha mais tradicional desse gênero. Nesse sentido, a pesquisadora destaca que "os livros de animais humanizados são o conjunto de obras que apresentam os temas tradicionais da literatura infantil. Trata-se da correlação mais estável da história da literatura infantil quanto a tema e forma".[73] Já no Brasil, em pesquisa realizada em 1990, Paulino constatou, a partir de um levantamento em catálogos de algumas editoras e livrarias brasileiras do mesmo ano, o expressivo número de obras – oitenta e cinco – abrangendo a temática rural e os animais que se encontram nesse cenário; segundo a autora, em alguns desses livros, "a função alegórica do animal é evidente".[74] Recorrendo novamente a Gomes, observa-se que, no livro "destinado a crianças pequenas, a antropomorfização do animal constitui com frequência um recurso fundamental

73 Teresa Colomer. *A formação do leitor literário*. São Paulo: Global, 2003. p. 240.

74 Graça Paulino. Sapos e bodes no apartamento. In: ______; Cristina M. Rosa (Orgs.). *Das leituras ao letramento literário*. Belo Horizonte-Pelotas: FAE-UFMG/Edufpel, 2010. p. 90.

[...] na composição de personagens, famílias e outros grupos, por meio dos quais surgem figurados os seres humanos e os seus núcleos sociais: a família, o bairro, a aldeia ou a comunidade escolar".[75]

Estabelecido este panorama inicial sobre as conexões – incluindo as históricas – entre as personagens animais e os livros de literatura infantil, passamos, a seguir, aos comentários e à análise do conjunto de 75 obras que abordam a temática da diferença com personagens predominantemente animais, humanizadas.

5.2 Entre ovelhas, gatos e coelhos: as personagens animais e sua humanização

Entre as personagens animais que povoam as histórias das 75 obras lidas, verifica-se que algumas se destacam por sua frequência. Assim, temos ovelhas em 10 livros; pássaros variados (gaivotas, bem-te-vis etc.) ou não identificados, em 7; galinhas e/ou pintinhos, em 5, e gatos, coelhos e elefantes, também usados na mesma proporção. Gansos ou patos são personagens de 4 obras, enquanto peixes são protagonistas de três títulos. Outros animais, como vacas e bois, porcos (porquinhos), joaninhas, cachorros, formigas, "dragões", aparecem em dois livros (cada espécie). Por outro lado, em apenas um título há uma grande dispersão de personagens, que vão desde as

75 José António Gomes. Bichos e bichanos, homens e rapazes [...], cit., p. 97.

mais domésticas, como galo, bode, burro, até a zebra, o tradicional lobo (que, apesar da sua longa trajetória nas histórias para crianças, não parece ser uma personagem muito adequada para a exploração da temática da diferença...), o gambá, o pinguim, o golfinho, a baleia, o urso, o gorila, o porco-espinho, a tartaruga, a abelha, a aranha, a centopeia e a minhoca.

Vemos, assim, que a personagem ovelha, com sua tradicional marca da diferença – a ovelha negra – mostra-se como o animal mais visitado na ficção infantil, distribuindo-se depois as preferências por alguns animais domésticos e frequentadores das histórias para crianças (como coelhos e gatos), até outros que tradicionalmente atraem a atenção infantil, pelo pretenso exotismo de suas formas, como elefantes, girafas e zebras.

Um primeiro aspecto a ser considerado nessas obras é o modo como os animais são antropomorfizados (humanizados), seja por serem descritos com comportamentos e sentimentos atribuídos a seres humanos, seja pelo modo como as ilustrações lhes conferem adereços tipicamente humanos, como roupas, sapatos, brincos, colares etc.

Nesse sentido, podemos destacar uma série de comportamentos que inicialmente caberiam a seres humanos, mas que passam a fazer parte da rotina dos animais de algumas das obras analisadas. O hábito de consultar um médico, por exemplo, aparece em *A porquinha de rabo esticadinho*; *Lupércio, o elefantinho gago* e *Osmar, o cãozinho que trocava letras*. No início da primeira obra citada, ao introduzir a personagem Gertrudes, uma porquinha, há a informação de que ela "agora ia ser mãe", mas que "não iria para maternidade alguma. E nem precisaria de médico ou parteira", numa clara menção ao que acontece com a maioria das mulheres hoje em dia na hora de dar à luz: recorrer a um médico (recorrer a parteiras atualmente é prática em desuso, ao menos nos centros urbanos). Além disso, os amigos de Gertrudes, dentro de uma tradição humana de religiosidade popular católica, lhe desejavam: "Nossa Senhora do Bom Parto que lhe dê boa hora, diziam ao se despedir", o que demonstra que até crenças religiosas são atribuídas às personagens animais.

No caso de *Lupércio, o elefantinho gago*, os pais do protagonista, preocupados e no intuito de resolver e "corrigir" o problema do filho, tomaram várias providências, recorrendo a médicos e a medicamentos, conforme o trecho destacado a seguir: "Os pais já tinham tentado de tudo! Consultaram vários médicos, compraram os mais diferentes remédios, mas não tinha jeito: Lupércio não parava de gaguejar!". Já em *A ovelha negra*, na rotina de Tita, a personagem principal, são descritos hábitos que fazem parte da rotina de qualquer ser humano, como escovar os dentes ao acordar e depois cuidar de suas atividades – que seriam, no caso da ovelha Tita, ir ao pasto, como mostra o excerto: "A Tita acordou, escovou os dentes, e foi pro pasto. Bem contente". O fato de consultar um médico – e não um veterinário, por exemplo! –, tomar remédios, escovar os dentes, entre outros, aproxima de tal forma os animais, suas práticas e hábitos aos seres humanos, que a narrativa toda segue sem que haja qualquer estranhamento em relação à sua humanização, o que, eventualmente, pode levar o leitor infantil a se "esquecer" da feição animal das personagens, numa adesão ao "pacto de suspensão da descrença" relativo à ficção, já mencionado no capítulo 2.

Aliás, além de certos comportamentos típicos de seres humanos, a humanização desses animais se dá também por meio da atribuição de sentimentos e de certas atitudes, como, por exemplo, ainda em relação à ovelha Tita, o fato de ela ir para o pasto "bem contente", ou seja: o leitor é informado a respeito do sentimento e do estado de espírito da personagem.

Também aparecem, nas obras analisadas, sentimentos de conflito ou de amor relativos a familiares; lembre-se que a instituição familiar é, evidentemente, humana e, além disso, historicamente variável, ainda que existam espécies animais que mantêm relações de maior duração entre seus indivíduos, relativas a bandos, grupos, manadas. Entre esses sentimentos familiares, destaca-se o tão propalado e discutido "amor materno", que pode ser exemplificado com a galinha Carola no livro *O pintinho que nasceu quadrado*. Na narrativa, Carola é expulsa do galinheiro onde vivia por se negar a abandonar o ovo quadrado que botou e que insiste em chocar:

> – O quê?! – gritou Carola. – Jogar fora o meu ovo porque ele é quadrado?! Nunca, ouviu bem? NUNCA.
> – Gosto do meu ovinho do jeito que ele é! Não desejo me separar dele.[76]

Nesse trecho, as autoras humanizam a reação e a atitude da galinha Carola, aproximando-as às de muitas mães humanas que, mesmo sabendo que seus filhos serão "especiais" de alguma forma, não abrem mão de criá-los nem de defendê-los, mesmo quando há objeções sociais. Ela enfrenta tudo e todos para que seu pintinho nasça, separando-se do grupo a que pertence no início da trama, indo embora do galinheiro, chocando seu ovo sozinha e enfrentando muitas dificuldades. Carola também demonstra todo o seu afeto quando o pintinho nasce e é rejeitado pelos animais que inicialmente os cercam (observe-se, no diálogo a seguir, o tom escancaradamente pedagógico, em que a troca de falas entre mãe e filho é voltada para a explicitação de uma das "lições" da obra):

> Era um pintinho lindo, amarelo e bem quadrado. Carola abraçou-o carinhosamente, encantada. [...]
> O pintinho quadrado ficou muito triste.
> – Não se preocupe, filhinho. Acharemos um lugar para viver, você verá.
> – Mas mamãe, o que tem de mais em ser quadrado? Por que ninguém gosta de mim?
> – Não há nada de errado com você, querido. A mamãe gosta muito de você, viu?

---

76 Considerando que a maior parte dos livros infantis analisados não é paginada, optou-se por apenas citar o título da obra no decorrer do texto, encontrando-se a referência completa em lista no fim do capítulo.

No livro são retratados o afeto, o cuidado e a proteção da mãe, e a narrativa se desenvolve até o momento em que os dois, mãe e filho, unidos pelo sentimento de amor, finalmente encontram outros animais que também são diferentes e que os aceitam, surgindo entre eles um sentimento de fraternidade.

No que tange à questão da relação familiar, em várias tramas as personagens animais, assim como as humanas, também enfrentam sentimentos de conflito, que são resolvidos graças ao amor da família. Em *A ovelha branca da família*,[77] a ovelha que "faz o que lhe dá na telha" não se enquadra na família "certinha" a que pertence:

> A cor era só a menor diferença:
> Não partilhavam gosto, opinião nem crença.
> Enquanto a família respirava ciência,
> Nossa ovelhinha perdia a paciência.
> Pai cientista, mãe pesquisadora,
> Irmãs estudiosas, avó conservadora...
> Ovelha não pensava em carreira promissora,
> Mas em ser feliz como atriz, estilista ou cantora.

Com o desenrolar da história, a ovelhinha branca, porém, se rende ao "lar imperfeito", pois o amor que os une supera as diferenças:

---

77 É interessante ressaltar aqui o fato de toda a família da narrativa ser negra, enquanto a ovelha rebelde é branca, numa clara contraposição à conotação da expressão "ovelha negra" em nossa cultura, em que a denominação é usada para referir características pessoais de rebeldia e desajustamento a normas sociais e/ou familiares.

Ela aprendeu direito
Que, mesmo num lar imperfeito,
Contendo um ou outro defeito,
Com amor tudo tem jeito!

Cabe ressaltar aqui a idealização da instituição familiar e o compromisso explicitamente pedagógico desse livro, ao reforçar a ideia de que as diferenças e as dificuldades são resolvidas "com amor", numa das soluções mais comumente encontradas nos livros infantis, como, aliás, é demonstrado em análises feitas em outros capítulos.

No que diz respeito às obras tratadas até o momento, é importante sublinhar que, à exceção de *A porquinha de rabo esticadinho*, o fato de as personagens serem animais não produz qualquer efeito ou diferença no enredo, uma vez que a humanização se dá de forma tão radical que suas atitudes, comportamentos e sentimentos os tornam personagens praticamente humanas. Ser animal, pois, parece por vezes constituir um elemento acessório do enredo e de suas ilustrações, mero passaporte para a aceitação do livro junto aos leitores mirins.

Nesse sentido, um aspecto que merece ser destacado refere-se à caracterização de personagens animais "femininas", especialmente nas imagens, já que essa caracterização se dá, em grande parte, pelo uso de batom e de adereços como colares, brincos e outros apetrechos associados predominantemente a mulheres. Assim, em *A história de Leiloca*, uma minhoca que queria ser borboleta, a personagem principal é retratada com um laço de fita na cabeça e usando batom. Em um trecho do livro, a protagonista, com o intuito de "desconversar" um interlocutor animal, chega a falar sobre tais marcadores de gênero: "– Que tal a cor do meu batom? E o meu laço de fita? Ai... eu me acho tão bonita!".

Já em *A esquisita aranha Rita*, essa caracterização funciona, muitas vezes, como uma maneira de reforçar estereótipos de gênero em relação às mulheres, como a de que elas demorariam muito tempo para se enfeitar e se arrumar, preocupando-se excessivamente com sua aparência física: "A Rita também colecionava colares, luvas, sapatos e brincos. A Rita na hora de se arrumar começava ao meio-dia e terminava lá pelas cinco". Nesse trecho, além da alusão ao longo período de tempo gasto por Rita para se aprontar, o verbo "colecionava", seguido dos complementos "colares, luvas, sapatos e brincos", dá a ideia de que a aranha acumulava coisas supérfluas, podendo até ser considerada consumista, características essas na maioria das vezes atribuídas às mulheres (atribuição também reforçada pela publicidade) e que possuem uma alta carga negativa. Um outro aspecto que caracteriza Rita e sua amiga minhoca na obra, que, por sinal, tem autoria feminina, é sua curiosidade por fofocas: "A Rita era muito amiga de uma certa minhoca. A Rita e sua amiga adoravam saber de uma fofoca". Essa característica, de Rita e de sua amiga, também é geralmente atribuída a mulheres, e contém carga semântica bastante negativa e pejorativa. No caso deste título, a caracterização de gênero das personagens femininas é bastante reforçada pelas ilustrações, uma vez que tanto Leiloca quanto Rita são imageticamente caracterizadas usando os adereços descritos – como laços, batom, colares, sapatos.

Ainda no que diz respeito à utilização de protagonistas animais em enredos sobre as diferenças, encontramos personagens cujas diferenças "metaforizam" as diferenças humanas ou a elas remetem de forma "conotativa",[78] seja pela aparência (a cor, em *A ovelha negra*; *Vivinha, a baleiazinha*), seja por outra característica (como o bico torto, em *A ararinha do bico torto*; listras horizontais, em *A zebrinha preocupada*; falta de rabo, em *Dado, o gato sem rabo*; rabo esticado, em *A porquinha de rabo esticadinho*), seja por "não saberem" fazer algo característico da sua espécie (como voar, em *Asa curta*; cantar, em *Ígor, o passarinho que não sabia cantar*; latir, em *É proibido miar*, ou soltar fogo, como em *Draguinho, diferente de todos, parecido com ninguém*). Nesses casos, o aproveitamento da personagem animal ganha maior consistência pela construção do nó narrativo em decorrência da falta de uma característica que seria, digamos, intrínseca à espécie. Não seria possível substituir no enredo, por exemplo, o pássaro protagonista de *Ígor, o passarinho que não sabia cantar*, por uma personagem coelho ou tartaruga etc.

---

78 Ver Edgar Roberto Kirchoff. Estratégias de composição na literatura infantil contemporânea: a questão da diferença. *Ensino em Re-vista*. v. 18, n. 1. jan./jun. 2011. p. 153. Disponível em: http://www.seer.ufu.br/index.php/emrevista/article/viewFile/12372/7180. Acesso em: 15 nov. 2011.

Já em outro conjunto de obras, o corpo das personagens é marcado por uma diferença diretamente correspondente a diferenças humanas potencialmente motivadoras de discriminação – ser cego, como em *Vivi, a gaivota que não podia ver* e *Um peixinho especial*; ser gordo, como em *João não cabe mais em seu calção*. Efetivamente, esse é um filão explorado por vários livros de duas coleções infantis sobre diferenças; na primeira, denominada Ciranda das Diferenças e escrita por Márcia Honora, variadas personagens animais, como tartaruga, centopeia, girafa, coelho, cachorro, abelha, golfinho, jacaré, bem-te-vi e elefante, corporificam em cada livro uma "diferença": cegueira; paraplegia; surdez; síndrome de Down, até déficits de atenção e obesidade. A escolha da abelha para corporificar a síndrome de Down, por exemplo, não parece ter nenhuma motivação específica na espécie animal, e o mesmo se pode dizer da formiga cega ou do cachorro cadeirante etc. Em outra coleção, com menos títulos, "Trabalhando as diferenças e a inclusão social", assinada por Cristina Klein, encontramos um cachorrinho disléxico, uma ovelhinha surda, uma ursinha paraplégica e um patinho obeso... ou seja: ao que parece, a associação de diferenças humanas a determinadas espécies animais é meramente aleatória.

Em muitas dessas narrativas, o metaforismo ou a reprodução direta das diferenças humanas serve para ensinar lições sobre como lidar com elas, num tom bastante pedagógico e formativo, que remonta ao uso educativo que a literatura infantil teve desde seus primórdios e que ainda mantém em parte. Nesse sentido, vários autores já inserem na narração, seja pela voz do narrador, seja pela voz de um personagem mais maduro, conselheiro, as "lições" formativas que pretendem exemplificar com a trama, para que não restem dúvidas sobre o seu sentido, como em alguns exemplos destacados abaixo:

> Quando Deus nos faz diferentes por algum motivo, nos dá em dobro capacidades que os outros não têm. Você pode ver com o coração e um dia vai descobrir um dom maravilhoso. (*A gaivota que não podia ver*)

> – Peixinho, quando crianças nós temos uma porção de luzes dentro de nós. A vontade é uma delas, assim como a inteligência, a criatividade, a fantasia, a sensibilidade, a alegria, entende? Elas, porém, precisam ser alimentadas sempre; do contrário, irão aos poucos se apagando, se apagando, até sumirem de vez. [...] Omar, a vida existe para a gente ser feliz; e isso, só depende mesmo da gente. (*O peixe que não sabia nadar*)

> Dona Branca e seu Negreiro sabiam que as diferenças de cor de pele não tinham a mínima importância. O mais importante era o que tinham dentro do coração e ambos tinham um carinho muito grande um pelo outro. (*O amor tem todas as cores*)

> Os passarinhos que não sabiam pensar ficaram achando que, então, só se fosse voar com o bico, com os pés, com asas postiças. Mas os passarinhos que sabiam pensar, pensaram um

pouco e viram que era mesmo, que Asa Curta tinha razão: havia outras maneiras de voar – com o pensamento, com a inteligência, com a memória, com a imaginação. (*Asa Curta*)

Somos todos irmãos.
Somos todos diferentes:
Há uns que têm bico,
outros que têm dentes,

[...]

Somos todos diferentes,
mas todos queremos bem
à boa da galinha
que é nossa mãe. (*Os ovos misteriosos*)

Nos excertos acima, diversas são as maneiras de lidar com as mais variadas diferenças apresentadas, seja minimizando as diferenças exteriores e ressaltando os sentimentos que cada um possui, como no caso do casamento entre uma vaca branca e um boi negro, em *O amor tem todas as cores*, que ressalta o fato de as diferenças de cor de pele não serem importantes[79] ("o mais importante era o que tinham dentro do coração"), e no caso das diferentes características dos "filhos" chocados por uma galinha, em *Os ovos misteriosos* ("Somos todos diferentes, mas todos queremos bem à boa da galinha que é nossa mãe"); seja desenvolvendo outras habilidades e capacidades que suplantem a diferença inicial, como

79 É interessante notar que vaca e boi não possuem pele, mas couro e pelos; entretanto, na lição final do livro, o texto refere-se à cor da pele, ao fato de as diferenças de cor de pele não terem importância.

no passarinho que voava com o pensamento, em *Asa Curta*, e também vendo com o coração e descobrindo outras habilidades que Deus teria concedido em dobro a todos aqueles que possuem alguma diferença, como em *A gaivota que não podia ver.*

5.3 Como se resolve o "problema da diferença"?

Na esteira dessas observações relativas ao tom pedagógico utilizado em algumas obras para tratar a questão da diferença, cabe ainda abordar que tipo de desfecho as narrativas apresentam, no sentido de também sublinhar, a partir deles, quais são as "soluções" mais usuais encontradas para lidar com as diferenças no conjunto de obras analisadas; para tanto, nos inspiramos em Kirchof.[80]

Dentre os desfechos mais comuns, foram elencadas as quatro possibilidades mais recorrentes. Assim, em alguns casos, há a **reparação da diferença**, como no caso de *Dado, o gato sem rabo*. Nessa narrativa, a personagem corre apressada, buscando alguma coisa – o rabo que lhe faltava –, e no fim da trama encontra sua mãe, que "grudou o rabo no seu bumbum. Dado ronronou e dormiu feliz. Agora ele não era qualquer um". Nesse tipo de obra, a solução

80 Edgar Roberto Kirchof. Estratégias de composição na literatura infantil contemporânea: a questão da diferença, cit.

para lidar com a diferença é "consertá-la" mediante a supressão daquilo que tornava a personagem diferente, resolvendo o conflito.

Também em *João não cabe mais em seu calção*, o protagonista, gordinho e triste com sua silhueta e as zombarias que recebe, começa a emagrecer graças a regime alimentar, "reparando" a diferença; num caso extremo, outro coelho, o protagonista de *Tico, o coelhinho das orelhas caídas*, tem suas orelhas fixadas numa espécie de prótese de madeira, que acaba por recolocá-las no lugar após alguns dias. (No caso, poderíamos nos perguntar como se sentiriam os pequenos leitores "diferentes" cuja diferença não fosse tão facilmente "corrigida"...).

Outras vezes, percebe-se a **compensação da diferença** que pode resultar de um esforço de autossuperação, como em *Uma formiga especial*: "A falta de visão era compensada pelo seu ótimo olfato e sua força de vontade de não desistir nunca"; ou, em *A ararinha do bico torto*, em que Nina, a personagem central, finalmente conseguiu se alimentar, apesar do bico torto: "Mas um dia, com uma guinada de pescoço que nunca tentara antes, Nina conseguiu comer sua primeira semente de girassol. Que vitória! O pescoço doera, a cabeça ficara inclinada em relação ao corpo. Mas tinha conseguido!". Nesses casos, a diferença não desaparece, mas é compensada por uma atitude excepcional de dedicação e esforço. Em outros, a compensação não se faz pelo esforço da personagem, mas emerge como uma manifestação quase natural, que propicia ao diferente um outro dom ou capacidade que minimiza a importância atribuída à diferença no começo da narrativa e que havia sido, inicialmente, o nó desencadeador da trama. Apenas para citar um exemplo entre tantos, este é o caso do protagonista de *Osmar, o cãozinho que trocava as letras*, que tinha "um dom para o desenho e para as artes em geral".

Uma terceira possibilidade de trabalhar a diferença nos desfechos dos livros consiste na **celebração da diversidade**. Nesse caso, a diferença parece se mostrar vantajosa em alguma medida, já que a diversidade é encarada como algo positivo, divertido e interessante. Nesse grupo, destacam-se obras como *O pintinho que nasceu quadrado* e *É proibido miar*. Tanto o pintinho e sua mãe, Carola, personagens da primeira obra, quanto Bingo, o cachorro que miava, da segunda, seguem mundo afora em busca de lugares onde não haja discriminação, muitas vezes na companhia de outros seres com os mesmos anseios, conforme os dois excertos abaixo:

> Era uma caravana bonita de ver.
> Andaram para cima e para baixo, por campos de pedras e campos floridos, sob o sol quente e debaixo de chuva, atravessando os dias, tardes e noites.
> – Aonde vão? – quiseram saber dois esquilos.
> – Construir um mundo melhor – disse o pintinho quadrado.
> – A gente pode ir com vocês? – perguntaram os esquilos.
> – Venham! – disse a girafa.

> – Aonde vão? – perguntaram uma cotia, um sapo, um cavalinho e sete borboletas.
> – Construir um mundo melhor – responderam os esquilos – onde a gente possa viver em paz e ninguém fique reparando se somos assim ou assado, quadrados ou redondos, triangulares ou espirais.
> – Podemos ir com vocês?
> – Vamos! – disse Carola. – Vamos andando.
> (*O pintinho que nasceu quadrado*)

> Ninguém mais pôde encontrar o Bingo. Nunca se soube para onde ele foi. Uns dizem que ele partiu para bem longe e foi aprender outras línguas. Dizem que, agora, Bingo sabe cocoricar, mugir, balir e até trinar. Outros acham que ele foi para uma terra onde todo mundo pode falar a língua que quiser. Uma terra onde é permitido miar. Uma terra onde é permitido ser diferente!". (*É proibido miar*)

Por último, como possibilidade de desfecho, alguns livros analisados aludem à necessidade de **conscientização**, que implica a autoaceitação em relação à própria diferença, como acontece em *Lupércio, o elefantinho gago*: "Hoje o elefantinho Lupércio aprendeu que não há nada de errado com ele e que o primeiro e mais importante passo para não gaguejar é acreditar nele mesmo". Em *A ovelha negra*, a personagem Tita passa a se aceitar no fim da obra, numa enunciação que nada tem de literária, mas se filia ao discurso típico da autoajuda:

> "Uma vez dona Dalva disse que o que houve com a Tita foi um processo de conscientização,

> que ela tinha tomado consciência de si mesma, tinha se assumido, resolvido se aceitar como era. [...] Ainda bem que a Tita já não se importava com o que os outros podiam pensar. Para chegar a tal conclusão, a Tita levou meia-vida, mas daí pra frente, viveu muito feliz".

Na esteira da autoaceitação, destacamos, por fim, o trecho da obra *A zebrinha preocupada*: "– Ora bolas! Quer saber de uma coisa? Cansei de andar estressada. É isso mesmo, grande amiga Girafa! Em pé ou deitada, a posição da listra não é o que realmente interessa!".

Nesses dois últimos conjuntos de obras, cujos desfechos parecem encarar a diferença de uma maneira mais "positiva", as personagens passam a se aceitar e/ou a ir em busca de locais onde a diferença não seja considerada algo negativo, de certa forma metaforizando a construção de um outro mundo mais igualitário.

5.4 Um espaço para a literariedade?

Assim como identificamos, em várias passagens citadas, a existência de uma voz pedagógica dominante, com interesse maior em educar e pregar comportamentos, traços que, efetivamente, são predominantes nos livros com protagonistas animais que tematizam a diferença, é preciso apontar, por outro lado, a presença de vários títulos que escapam a esse tom moralista e didático e que apostam na inteligência e na competência do pequeno leitor, recorrendo a várias estratégias de maior peso estético, por vezes construídas pelo diálogo texto verbal-imagem.

Esse é o caso, por exemplo de *Meu amigo Jim*, delicada e expressiva história da amizade entre um melro, Jack, e uma gaivota, Jim, que se encontram e passam a compartilhar uma vida e uma casa, mesmo enfrentando a estranheza dos habitantes da vila onde mora Jim. Gradativamente, com a apresentação de pequenos acontecimentos, como a leitura de histórias que Jack faz a Jim todas as noites e para cuja escuta são atraídos habitantes do vilarejo, o repúdio vai se transformando em convivência cordial e amizade, valores que vão sendo tecidos pelos acontecimentos, narrados em frases curtas, que dispensam a voz de um narrador conselheiro ou, mesmo, de uma personagem que faça as vezes de moralista de plantão. A simbologia do encontro dos dois pássaros diferentes e o preconceito inicialmente manifestado permitem mais de uma leitura, como, aliás, *é ressaltado* no paratexto da 4ª capa, assinado por Jairo Bouer, que aponta, como temas tocados pela autora, "a sexualidade, a discriminação, o valor da amizade, a resistência em não abandonar aquilo em que se acredita e, de quebra, a importância do hábito da leitura".

Já *Elmer, o elefante xadrez*, de David McKee, livro de sucesso internacional, frequentemente indicado para a Educação Infantil, é outra obra que, aliando um projeto gráfico interessante a um texto que poderíamos chamar de "fantasia moderna", foge à trivial abordagem da diferença em sua trama narrativa. Como analisa Kirchof, embora se possa entender o enredo como alinhado à celebração da diferença, "a narrativa apresenta várias sutilezas e inversões".[81] Assim, "a diferença do protagonista – o fato de ser um elefante colorido – não é apresentada como um problema para os demais elefantes, muito pelo contrário", já que ele os alegrava. Ou seja: "o conflito com a diferença parece vir de uma insatisfação interior do próprio personagem"; após algumas peripécias, no final, Elmer "abandona o projeto de ser *igual* e retoma sua diferença".[82]

Igor, o passarinho que não sabia cantar é outra obra que foge ao discurso formativo explícito, trazendo uma história original em que a imagem enriquece simbolicamente a história do pássaro que provoca risos em seus companheiros com seus cantos desafinados, até que encontra, num deserto, outro pássaro, Dodó (possivelmente uma referência ao pássaro extinto Dodô, das Ilhas Maurício); o desfecho, aberto, os traz saindo para cantar em dupla mundo afora...

Já *Gigi Balangandã*, a história de uma girafa de pescoço curto, ainda que repita alguns clichês de livros sobre diferenças, aposta no humor e no *nonsense* para o desenvolvimento da trama; seu des-

---

81 Ibidem, p. 152-153.

82 Esse livro foi trabalhado com as turmas do projeto, com grande aceitação pelos alunos, e parte do trabalho realizado foi apresentada no capítulo 2, *Lendo as diferenças na literatura infantil: pistas metodológicas*.

fecho, que aposta na autoaceitação da personagem, também traz um exercício criativo de compensação da girafinha, através do metadiscurso, num interessante jogo composicional: "Peraí... – pensou Gigi – se eu fosse grandona e pescoçuda, eu não caberia na foto do meu amigo. Aliás – minha nossa – eu também não poderia estar aqui, neste livrinho!!!".

É importante destacar que outros títulos, além dos brevemente mencionados, trazem surpresa e polissemia e propiciam experiências estéticas e imaginativas incomuns para os pequenos leitores; cabe ao mediador da leitura, ao professor, pois, essa tarefa de selecionar e apresentar aos alunos um material que fuja ao esquematismo e aos clichês das histórias com animais "diferentes".

5.5 Palavras finais

Conforme discutimos brevemente neste texto, seguindo uma tendência que remonta ao surgimento das obras escritas para crianças, as personagens animais possuem, até hoje, espaço significativo nesse tipo de literatura. Eles habitam o nosso imaginário, seja pelo convívio próximo que temos com alguns deles, seja por nossa experiência como leitores na infância, ao nos depararmos com muitas histórias de animais, ou até mesmo pela intensa vivência com uma produção cultural variada onde eles estão representados, quase sempre antropomorfizados.

Nesse sentido, de acordo com o que observa Dal-Farra, as representações de animais "estão tão perto de nós que deixam de ser visíveis e passam a fazer parte de nós".[83] Ainda segundo esse autor, buscamos entender os animais, considerando-os algumas vezes próximos de nós e, outras vezes, diferentes de nós. Essa relação com os animais se dá

> em termos de nossas próprias experiências, linguagens e emoções, e a literatura infantil – considere-se a circulação das fábulas, não escritas inicialmente para crianças – exemplifica a pujança dessas representações. Os animais são vistos como "outros", mas são entendidos socialmente, ou seja, como pessoas.[84]

Essa proximidade com os animais serve, como foi discutido aqui, para que temas que envolvem a questão da diferença também sejam tratados a partir de obras cujas personagens são animais humanizados, uma vez que tal utilização parece principalmente resultar da concepção de que utilizar "animais" é adequado na fabulação de histórias para crianças. Já a maneira como essa humanização ocorre e como a diferença é abordada nessas obras se dá de várias formas, e a análise do conjunto de livros citados reafirma o estreito enlace entre os intuitos pedagógicos e formativos e a literatura para crianças, evidente

---

83 Rossano André Dal-Farra. Quando os animais invadem a sala de aula. In: Rosa M. H. Silveira (Org.). *Estudos culturais para professor@s*. Canoas: Ulbra, 2008. p. 25.
84 Ibidem, p. 24.

nas lições moralizantes, nas orientações de autoajuda para "crianças diferentes" e, mesmo, na fabulação muitas vezes pobre e esquemática, que se repete de obra para obra.

Entretanto, essa produção não se esgota nesse âmbito: a presença de títulos que investem em narrativas originais (em que nenhuma personagem, ou nem mesmo o narrador, precisa discursar sobre a diferença), em projetos gráficos que articulam com inteligência texto e ilustração e nos quais se abre espaço para a polissemia de leitura, deixa-nos otimistas com relação às possibilidades de uma leitura e de um trabalho produtivos.

Obras infantis citadas

AIBÊ, B. *A ovelha negra*. Ilustrações: Mariana Massarani. São Paulo: Mercuryo, 2003.

BANDEIRA, P. *É proibido miar*. Ilustrações: Eliardo e Lucas França. São Paulo: Moderna, 2002.

BARRETO, C. M. *A história de Leiloca*. Ilustrações: Ângelo Luís Pasini. Porto Alegre: Evangraf, 2007.

CARRASCO, W. *A ararinha do bico torto*. Ilustrações: Al Stefano. São Paulo: Ática, 2010.

CHAMLIAN, R.; ALEXANDRINO, H. *O pintinho que nasceu quadrado*. São Paulo: Global, 2010.

CROWTER, K. *Meu amigo Jim*. São Paulo: Cosac Naify, 2007.

DOINET, M. *João não cabe mais em seu calção*. Tradução de Graziella Beting. Ilustrações: Nanou. São Paulo: Larousse do Brasil, 2004.

FERNANDES, P. D. *A gaivota que não podia ver*. Erechim: Edelbra, s/d.

GALPERIN, C. *Draguinho. Diferente de todos, parecido com ninguém*. Ilustrações: Openthedoor. São Paulo: Ática, 2005.

GARCIA, L. *A ovelha branca da família*. Ilustrações: Luciana Garcia. São Paulo: Caramelo, 2008.

GREUNER, L. S. *Ovelha negra, eu?* Ilustrações: Cado Bottega. Porto Alegre: Razão Bureau Editorial, 2007.

HONORA, M. *O amor tem todas as cores*. Ilustrações: Index Art e Studio. São Paulo: Ciranda Cultural, 2009.

______. *Uma formiga especial*. São Paulo: Ciranda Cultural, 2008.

KITAMURA, S. *Igor, o passarinho que não sabia cantar*. Tradução: Eduardo Brandão. São Paulo: Companhia das Letrinhas, 2006.

KLEIN, C. *Osmar, o cãozinho que trocava as letras*. Blumenau: Blu Editora, 2011.

MANSUR, G. *Asa Curta*. Ilustrações: Liliane Romanelli. Belo Horizonte: Editora Comunicação, 1985.

McKEE, D. *Elmer, o elefante xadrez*. São Paulo: Martins Fontes, 2009.

MORATO, M. P. *Um peixinho especial*. Ilustrações: Fábio Diniz. Campinas: Autores Associados, 2006.

MOREIRA, C.; ALVES, S. *Lupércio, o elefantinho gago*. Ilustrações: Elaine Bonfim. Recife: Edições Bagaço, 2003.

OTTONI, A. *O peixe que não sabia nadar*. Ilustrações: Margarida Campos. Rio de Janeiro: José Olympio, 2007.

PINTO, G. R. *Tico, o coelhinho das orelhas caídas*. Ilustrações: Hugo Mattos da Silva. Belo Horizonte: FAPI, s/d.

REGO, K. S. *Gigi Balangandã*. Ilustrações: Daniel Kondo. São Paulo: Escrituras, 2003.

REIS, L. *A zebrinha preocupada*. São Paulo: FTD, 2001.

______. *A esquisita aranha Rita*. São Paulo: Paulinas, 2005.
RIBEIRO, S. *Dado, o gato sem rabo*. São Paulo: Alaúde Editorial, 2008.
ROCHA, R. *Vivinha, a baleiazinha*. Ilustrações: Mariana Massarani. São Paulo: Moderna, 2007.
SOARES, L. D.; BACELAR, M. *Os ovos misteriosos*. Porto: Edições Afrontamento, 1994.

Obras infantis não citadas, mas analisadas

ALVES, R. *O gambá que não sabia sorrir*. Ilustrações: André. São Paulo: Loyola, 2001.
ANDERSEN. *O patinho feio*. Adaptação e ilustrações: Mary e Eliardo França. São Paulo: Ática, 1994.
BARRETO, C. M. *O gato de nariz encarnado*. Ilustrações: André Menna Barreto. Porto Alegre: Engraf, 2008.
BELLI, R. *O pinguim que gostava do calor*. Ilustrações: Belli Studio. Blumenau: Todolivro, 2006.
BERNASCONI, P. *Vaca branca, mancha preta*. São Paulo: Girafinha, 2006.
BRAIDO, E. *A joaninha diferente*. Ilustrações: Mingo e Maria Donizete. São Paulo: FTD, 2008.
BUCHWEITZ, D. *A ovelha rosa da Dona Rosa*. Ilustrações: Lie A. Kobayashi. São Paulo: Ciranda Cultural, 2009.
CAMPOS, R. *Branca*. São Paulo: Paulinas, 2004.
CHIAPPA, R. *Preta-pretinha*. Ilustrações: Luca Risi. Porto Alegre: Sulina, 2002.
COLASANTI, M. *Ofélia, a ovelha*. São Paulo: Global, 2003.
COLEMAN, M.; WARNES, T. *George e Sílvia*: uma história de amor verdadeiro. São Paulo: Ciranda Cultural, 2000.
DISNEY PIXAR. *Procurando Nemo*. São Paulo: Abril, 2009.
FERREIRA, S. R. *Um porquinho diferente*. Ilustrações: Patrícia Scalon Almeida. São Paulo: Adônis, 2005.

FLORA, A. *O dragão que era galinha d'angola*. Ilustrações: Mariana Massarani. São Paulo: Salamandra, 2005.

FURNARI, E. *Felpo Filva*. São Paulo: Moderna, 2006.

GONTIJO, S. A. F. *Tonico, o bode diferente*. São Paulo: Companhia Editora Nacional, 2004.

HEINE, H. *Amigos*. Tradução: Luciano Vieira Machado. 13. ed. São Paulo: Ática, 2008.

HOL, C. *A ovelhinha e o arco-íris*. São Paulo: Scipione, 2002.

HONORA, M. *A escola da tia Maristela*. São Paulo: Ciranda Cultural, 2008.

______. *A família Sol-lá-si*. São Paulo: Ciranda Cultural, 2008.

______. *Uma tartaruga a mil por hora*. São Paulo: Ciranda Cultural, 2008.

______. *Uma amiga diferente*. São Paulo: Ciranda Cultural, 2008.

______. *O canto de Bento*. São Paulo: Ciranda Cultural, 2008.

______. *O problema da centopeia Zilá*. São Paulo: Ciranda Cultural, 2008.

______. *Dognaldo e sua nova situação*. São Paulo: Ciranda Cultural, 2008.

______. *O charme de Tuca*. São Paulo: Ciranda Cultural, 2008.

______. *A dieta de Jorge*. São Paulo: Ciranda Cultural, 2009.

KLEIN, C. *Clara, a ovelhinha que falava por sinais*. Blumenau: Blu Editora, 2011.

______. *Davi, um coelhinho especial*. Blumenau: Blu Editora, 2011.

______. *Beco, um patinho muito fofo*. Blumenau: Blu Editora, 2011.

______. *Sofia, a ursinha vitoriosa*. Blumenau: Blu Editora, 2011.
KROMHOUT, R. *Um burrinho grande*. Ilustrações: Annemarie Haeringen. São Paulo: Martins Fontes, 2003.
MACHADO, A. *O dilema do bicho-pau*. Ilustrações: Raquel Lourenço. São Paulo: Nova Fronteira, 1997.
MELO, R. C. *Uma joaninha diferente*. 14. ed. Ilustrações: Cristina Biazetto. São Paulo: Paulinas, 2008.
MOHAMED, S. M. *Kiwi, o pintinho diferente*. São Paulo: Centro de Estudos Vida & Consciência, 2009.
MOREIRA, M. *Poá*. Belo Horizonte: Abacatte, 2009.
NAPP, S. *Passarinhar-se*. Porto Alegre: WS Editor, 2006.
PINTO, G. R.. *Pepeu, o pintinho carijó*. Ilustrações: Hugo Mattos da Silva. Belo Horizonte: FAPI, s/d.
RAMOS, M. *Eu sou o mais forte*. Tradução: Monica Stahel. São Paulo: Martins Fontes, 2002.
RAMOS, R. *A formigadinha*. 3. ed. Ilustrações: Priscila Sanson. São Paulo: Cortez Editora, 2009.
RAVISHANKAR, A. *Elefantes nunca esquecem*. Tradução Bia Hetzel. Ilustrações: Christiane Pieper. Rio de Janeiro: Manati, 2009.
REIS, L. *O grande problema da vaca Letícia*. São Paulo: Paulinas, 2007.
RENNÓ, R. *Coração de ganso*. São Paulo: Mercuryo Jovem, 2007.
______. *Pê, o pato diferente*. São Paulo: FTD, 1993.
SCHLOSSMACHER, M. *A galinha preta*. Tradução de Monica Stahel. Ilustrações: Iskender Gider. São Paulo: Martins Fontes, 2000.
SILVA, C. D. *O elefantinho da tromba caída*. Ilustrações: Marcial Ávila. Belo Horizonte: Mazza Edições, 2008.
VERÍSSIMO, E. *A vida do elefante Basílio*. São Paulo: Companhia das Letrinhas, 2002.
VINCENT, J. D. *O cordeiro que não queria ser cordeiro*. São Paulo: Martins Fontes, 2006.

Para aprofundar conhecimentos e práticas

Sugestão de reflexão e análise crítica individual ou em grupo

Consulte a biblioteca de sua escola, outra biblioteca ou seu acervo pessoal e escolha três obras de literatura infantil cujas personagens sejam animais humanizados. Leia as obras com atenção, procurando identificar se a questão da diferença faz parte da trama e como se dá essa humanização. Além do texto verbal, atente para as imagens e o modo como os animais nelas aparecem – vestidos, transformados em bípedes (quando originalmente não o são), portando adereços, desempenhando apenas atividades humanas etc. Depois faça uma breve análise de como as características de cada espécie interferem ou não no enredo das narrativas. Observe qual é o conflito que se estabelece; que tipo de diferença o protagonista apresenta? É uma diferença que se relaciona com sua espécie ou um simples artifício para ensinar? Ou é uma diferença humana, atribuída ao animal? A obra tem soluções originais, fugindo ao que é apenas previsível? O enredo deixa espaço para as crianças tirarem suas conclusões ou o narrador explica tudo e mostra o que deve ser aprendido?

Sugestões de práticas pedagógicas

Sua análise prévia possibilitará o planejamento de um trabalho produtivo com sua turma, com uma das obras. Você poderá variar a forma de trabalho, apresentando inicialmente apenas algumas ilustrações da obra – em cópia, por exemplo – ou o título, solicitando que os alunos façam predições sobre o enredo, sobre o que terá acontecido com a personagem, explorando detalhes das imagens, sem a preocupação de posteriormente premiar as predições bem-

-sucedidas e as que não corresponderem à obra.

Também considerando que as crianças apreciam personagens animais, você poderá solicitar que elas criem uma história sobre uma personagem animal "diferente". Para isso, você poderá listar na lousa animais conhecidos das crianças e desafiá-las, em grupo ou individualmente, a escolherem um deles, atribuírem-lhe uma "diferença" em relação a outros de sua espécie e inventarem algumas peripécias para ele. É importante facultar o desenho desse personagem, a atribuição de um nome etc. Socialize os resultados entre os grupos e, mesmo, num varal da sala de aula.

Referências bibliográficas

ARIÈS, P. *História social da criança e da família*. São Paulo: LTC, 1981.

COLOMER, T. *A formação do leitor literário*. São Paulo: Global, 2003.

KIRCHOF, E. R. Estratégias de composição na literatura infantil contemporânea: a questão da diferença. *Ensino em Re-vista*, v. 18, n. 1, jan./jun. 2011. Disponível em: http://www.seer.ufu.br/index.php/emrevista/article/viewFile/12372/7180. Acesso em: 15 nov. de 2011.

DAL-FARRA, R. A. Quando os animais invadem a sala de aula. In: SILVEIRA, R. M. H. (Org.). *Estudos culturais para professor@s*. Canoas: Ulbra, 2008.

GOMES, J. A. Bichos e bichanos, homens e rapazes: da presença de animais na literatura para a infância. Todos os rapazes são gatos de Álvaro Magalhães. In: AZEVEDO, Fernando et al. (Coord.). *Imaginário, identidades e margens*: estudos em torno da literatura infantojuvenil. Vila Nova de Gaia: Gailivro, 2007.

PAULINO, G. Sapos e bodes no apartamento. In: ______; ROSA, C. M. (Orgs.). *Das leituras ao letramento literário*. Belo Horizonte-Pelotas: FAE-UFMG/ Edufpel, 2010.

SHAVIT, Z. *Poética da literatura para crianças*. Lisboa: Editorial Caminho, 2003.

6. Interpretações de crianças sobre feminilidade e masculinidade na literatura infantil

Pensar sobre o modo como as crianças interpretam as representações de feminilidade e masculinidade presentes na literatura infantil, dentre outros aspectos, parece-nos um caminho teórico-metodológico fecundo. Em primeiro lugar, porque podemos aprender muito sobre a diversidade de experiências construídas por elas em múltiplos contextos de vida. Em segundo, porque, por meio dessa escuta interessada, sensível e compreensiva, podemos conhecer alguns efeitos importantes das significações presentes nas histórias infantis, considerando, evidentemente, que essas significações e seus efeitos sobre as crianças também são atravessados pelas práticas constituídas em outras instâncias socioculturais. Como aponta Meyer, refletir sobre esses processos produzidos social e culturalmente "e nossa participação neles, no âmbito da escola, ou em qualquer outro espaço, é fazer também uma discussão política".[85] Os debates sobre a maneira como os artefatos culturais educam – neste caso, as diferentes infâncias – configuram-se como uma demanda contemporânea no Brasil, e a literatura não foge a essa exigência.

Assim sendo, e tendo como foco o contexto acima descrito, nosso objetivo, neste capítulo, é identificar representações de gênero presentes em livros de literatura infantil e o modo como as crianças negociam os significados que essas representações implicam. Essa investigação foi realizada com crianças de três turmas dos anos iniciais do Ensino Fundamental, conforme mencionado na *Apresentação* desta obra, e nela consideramos especificamente a leitura interativa de obras de literatura infantil escolhidas do acervo pertencente ao projeto de pesquisa.

Discutimos a temática a partir da contação de três obras: *O menino Nito*, de Sônia Rosa, *O cabelo de Lelê*, de Valéria Belém, e *Samanta gorducha vai ao baile das bruxas*, de Kathryn Meyrick, todas de literatura infantil acessível à infância brasileira. Neste texto, produzimos nossas análises enfocando ora as falas, ora as produções textuais e imagéticas das crianças das referidas turmas, com base em propostas feitas em sala de aula.

A primeira obra, *O menino Nito*, traz a história de um menino que expressa seus sentimentos, em várias circunstâncias, pelo choro. O pai chama

---

85 Dagmar E. E. Meyer. Gênero e educação: teoria e política. In: Silvana V. Goellner; Guacira Louro; Jane Neckel (Orgs.). *Corpo, gênero e sexualidade*: um debate contemporâneo na educação. Petrópolis: Vozes, 2003. p. 25.

Nito para uma conversa e diz que ele precisa parar de chorar, pois "homem que é homem não chora". Então, Nito resolve trancar os choros, chegando até a adoecer por esse motivo. Em consequência, a família chama o Dr. Aimoré, que, após uma conversa com o menino, prescreve que este "desachore" os choros engolidos. No desfecho, pai e filho se abraçam e compreendem a "lição": homens também podem chorar.

A segunda obra, *O cabelo de Lelê*,[86] versa sobre a rejeição do próprio cabelo por parte de uma menina negra. Para resolver suas dúvidas e seu conflito, ela recorre a um livro em que descobre sua história e a beleza da herança de seus ancestrais africanos.

Já a terceira obra, *Samanta gorducha vai ao baile das bruxas*, narra a história de uma bruxa, Samanta, que é comilona e está gorda. Ela deseja ir a um baile para o qual foi convidada, mas percebe que não "cabe" em seu vestido. Samanta, então, se submete a um tratamento rigoroso em um SPA: dietas, exercícios são postos em execução; Samanta é acompanhada por seu gato, também obeso. Por fim, ela fica magra e vai ao baile. Neste ponto o livro traz um desenlace surpreendente, ofertando à criança a oportunidade de escolher qual o final que mais lhe agrada. Ou Samanta começa a comer compulsivamente na festa e engorda novamente, ou

86 Cabe aqui destaque para o texto Representação e identidade: política e estética étnico-racial na literatura infantil e juvenil (in: Aparecida Paiva; Magda Soares - [Orgs.]. *Literatura infantil*: políticas e concepções. Belo Horizonte: Autêntica, 2008), no qual Rildo Cosson e Aracy Martins analisam aspectos da narrativa verbal e imagética do livro *O cabelo de Lelê*, articulando-os à política da representação e à estética da identidade.

come de forma comedida e dança elegantemente com o príncipe.[87]

Após a realização das contações de histórias, seguidas de uma exploração oral dos textos, ora livre, ora mais direcionada, foram propostas algumas atividades. No caso de *O cabelo de Lelê*, foi sugerido aos alunos que imaginassem Lelê crescida, anos depois (e para tanto se forneceu uma folha onde estava colada a cópia de uma das representações da cabeça de Lelê, constantes do livro, cada qual com um penteado diferente) e que desenhassem e escrevessem sobre essa nova situação.[88] Com *O menino Nito*, a abordagem se restringiu a discussões orais, e foi delas que retiramos manifestações e opiniões. Já em *Samanta gorducha vai ao baile das bruxas*, a estratégia usada foi interromper a leitura antes do desfecho (para o qual o autor oferece duas possibilidades) e pedir que os alunos desenhassem e escrevessem qual poderia ser o final da história.

Na análise que empreendemos, os conceitos de identidade e diferença foram utilizados para compreender gênero como um marcador identitário concebido de modo relacional, que posiciona o feminino e o masculino de determinado modo. Podemos afirmar, nesse sentido, que masculinidades e feminilidades são construções culturais que se instituem nos artefatos – como os livros infantis – e

---

87 Uma análise mais detida dos recursos de humor em *Samanta gorducha vai ao baile das bruxas* será feita no capítulo 7, *Humor e comicidade em obras da literatura infantil.*

88 Uma análise mais detida dos aspectos referentes às representações de etnia, provocadas pelo trabalho com os livros *O cabelo de Lelê* e *O menino Nito*, será feita no capítulo 8, *Leituras de crianças sobre a diferença étnico-racial.*

que também "formam" as identidades de gênero dos sujeitos que interagem com tais artefatos. Há, assim, uma dimensão pedagógica na literatura infantil que, neste estudo, se evidencia pelo modo como as representações vão sendo apresentadas às crianças nas obras em questão.

Assim sendo, os artefatos culturais passam a ter uma centralidade discursiva que vai constituindo sentidos mais ou menos dominantes sobre determinadas identidades, que por fim consolidam entendimentos do que significa ser, neste caso, menino e menina.

6.1 Feminino plural: uma presença que transcende o urbano

Um dado relevante nas produções escritas das crianças da escola rural (uma das escolas em que o projeto se desenvolveu) é a emergência de diversificados sentidos para a feminilidade, inserindo-a num contexto de independência do masculino, algo bastante raro nas análises mais tradicionais sobre gênero. Este dado aponta, ainda, para a abrangência das representações contemporâneas de feminilidade, que não se restringem, como poderíamos pensar, às comunidades urbanas, mas que também se fazem notar nas comunidades rurais. Dentre esses significados destacamos a narrativa de uma criança ao afirmar que *Samanta foi morar no castelo sozinha porque o príncipe morreu.*

Aqui podemos perceber a ruptura dos desfechos sacralizados para as personagens femininas dos contos clássicos: não há o casamento com o príncipe "encantado", há certa independência expressa no "morar sozinha", talvez informada pelas próprias experiências pessoais das crianças.

Percebemos, também nessa escola rural, outra ruptura, quando um menino/autor descreve a personagem protagonista (Samanta) pedindo o príncipe em casamento: *Vamos nos casar, príncipe, você é lindo!* Ou seja, as representações de personagens femininas e masculinas não fixam determinados traços considerados, tradicionalmente, específicos de cada gênero, tal como apontado em algumas pesquisas sobre educação e diferenças entre meninos e meninas.[89] Por outro lado, também emerge a reiteração das funções femininas tradicionais, aliadas ao que parecem ser os próprios sonhos e ideais das crianças da escola,[90] como encontramos em texto sobre o futuro de Lelê: *Lelê engordou 60 quilos e tem uma casa bem grande. Ela é dona de casa.*

6.2 Sentidos reiterados, soluções cristalizadas

Em relação à aparência das protagonistas mulheres das obras, vimos como as crianças atenuam a gordura de Samanta, abrandam sua inadequação aos

89 Daniela Auad. *Educar meninos e meninas*: relações de gênero na escola. São Paulo: Contexto, 2006.

90 Na pouco numerosa turma da escola rural, preponderavam alunos de famílias assentadas provenientes do Movimento Sem Terra, o que explica as alusões a casas, barracas e a estar acampado.

parâmetros de beleza e normalidade, e promovem até um certo "branqueamento" da Lelê. Nos desenhos feitos sob inspiração de *O cabelo de Lelê*, podemos perceber que os maridos inventados para a personagem, seus amigos e até seus filhos eram, em sua maioria, brancos. Mas, nas produções escritas das três escolas envolvendo Samanta e Lelê, destaca-se o casamento como "redentor" do gênero: casar ainda é a grande saída para a personagem feminina.

Merece destaque, também, o modo como os meninos desenharam Lelê: com vestido de noiva; muitos trajes modernos e variados (saia, blusa, túnicas, sapatos, botas, acessórios), apontando para certa "inovação" no modo de representar visualmente o feminino. Entretanto, essa aparente ruptura nos modos de representar imageticamente a personagem não se fez notar em todas as produções. Também o repertório padrão de desenho utilizado pelas crianças (casa, Sol, árvore, nuvens, castelo, dentre outros) continuou com seus traços costumeiros: nuvem pompom, Sol raiado etc.[91]

Na obra *Samanta gorducha vai ao baile das bruxas*, os referenciais de beleza são, aliás, constantemente lembrados por frases escritas ou pronunciadas pelas crianças, com o uso de muitos adjetivos, tais como: *Samanta sempre magra*; *Você está linda magra*; ou, ainda, *Samanta ficou vistosa*, *linda*, *bonita* etc.

---

91 Susana R. Vieira da Cunha. Cenários da Educação Infantil. *Educação e Realidade*, v. 30, p. 165-186. Porto Alegre, 2005.

Este significado atinge o ápice de sua visibilidade na distorção da imagem corporal tomada como correta ou modelar. Assim, quando uma criança afirma que a personagem Samanta *perdeu o vestido de tão magra*, podemos perceber tais sentidos atuando. Estaria a mídia marcando seus efeitos e criando a imagem de determinadas "novas" corporeidades, no caso, femininas? Estariam tais corporeidades modeladas pelo padrão corporal de manequins esquálidas apresentadas nos desfiles de moda, em revistas e na televisão?

Não temos dados suficientes para tecer considerações a esse respeito, mas podemos afirmar que essa imagem/significado já surge como circulante nos discursos produzidos pelas crianças a respeito da corporeidade feminina. Isso nos leva a crer que o padrão de "normalidade" em relação à corporeidade começa a ser deslocado, e esse deslocamento nos indica diferentes inscrições presentes em um corpo que, certamente, são observadas e até redescritas nos textos infantis, a exemplo do corpo magro de Samanta que a fez perder o vestido. Salientamos aqui o uso da expressão "de tão magra". Vejamos o que nos diz Goellner a esse respeito:

> Um corpo não é apenas um corpo. É também o seu entorno. Mais do que um conjunto de músculos, ossos, vísceras, reflexos e sensações, o corpo é também uma roupa e os acessórios que o adornam, as intervenções que nele se operam, a imagem que dele se produz, as máquinas que nele se acoplam, os sentidos que

> nele se incorporam, os silêncios que por ele falam, os vestígios que nele se exibem, a educação de seus gestos... enfim, é um sem limite de possibilidades sempre reinventadas e a serem descobertas. Não são, portanto, as semelhanças biológicas que o definem mas, fundamentalmente, os significados culturais e sociais que a ele se atribuem.[92]

Surgiu, também, nos desenhos, a representação de uma corporeidade sensual: a personagem Lelê aparece com seios, em movimento, indicando a percepção aguçada das crianças para estas transformações corporais; todavia, cabe lembrar que a proposta de atividade já apontava para o fato de que a personagem "crescera".

Outro aspecto marcante é que as produções ainda tentam construir um lugar para a diferença: os diferentes devem buscar uns aos outros, a "sua turma". Em um dos textos, por exemplo, Samanta é expulsa da festa, porque come demais, engorda novamente e vai para uma "*festa de gordos*", onde é "*bem feliz*".

Essa saída (manter-se gorda), aliás, é preterida pelas crianças, que na sua maioria preferem manter a personagem magra, adequada à corporeidade dominante e atraente para um príncipe, que, por sinal, não precisou se submeter a nenhum sacrifício para se manter esbelto, no enredo da narrativa. Esse padrão magro destacado, que pode ter como sentido

---

92 Silvana V. Goellner. A produção cultural do corpo. In: Silvana V. Goellner; Guacira Louro; Jane Neckel (Orgs.). *Corpo, gênero e sexualidade*: um debate contemporâneo na educação. Petrópolis: Vozes, 2003. p. 29.

a correção da diferença, aparece também nos desenhos.

Por outro lado, nos textos das crianças há, reafirmada, a alegoria do feminino fútil e invejoso, representada em *Samanta chegou ao baile e todas as mulheres ficaram com inveja do vestido de Samanta* (talvez ecoando situações tradicionais dos contos de fadas, como a história da Cinderela e suas irmãs invejosas). E percebemos, também, nas interpretações dos alunos, rupturas na conjugalidade heterossexual monogâmica – dado novo, quando se lê, em um texto versando sobre outro final para Samanta, que *Todos se interessaram por ela, até os casados se separaram pra ter uma oportunidade com ela.*

6.3 "Todo mundo nasce chorando": diversificados consentimentos para a masculinidade

Outra ruptura presente nas interpretações produzidas pelas crianças em relação a representações de gênero é aquela que situa a masculinidade com direito à expressão dos sentimentos, de certa forma oportunizada pelo próprio desfecho da obra. Nos comentários durante a leitura compartilhada do livro *O menino Nito*, surgiu a ideia de que *homens também choram* (ainda que na obra o pai da personagem afirmasse o contrário). Aqui, cabe ressaltar que as crianças se referiram ao fato de já terem escutado essa máxima *"mais de mil vezes"* (*"meu pai sempre diz"*, disse um menino). Entretanto, ao argumentarem sobre a possibilidade de homens chorarem, apontaram "motivos nobres" para tal: alegria (nascimento de filho), tristeza, morte, saudade, memória (ao ver fotos), surpresa, descontentamento (derrota do time), dentre outros.

Consideramos relevante, ainda, mencionar que meninos e meninas, no momento desta leitura compartilhada, externaram, enfaticamente, suas emoções com o uso de interjeições: "ah!!!", evidenciando alívio quando o menino tornou a chorar; "oh!!!", quando o texto menciona o número de choros engolidos pelo menino etc. Isso ratifica o fato de que o texto literário oferece aporte para que as aprendizagens emocionais se constituam a partir da experiência estética de leitura da obra.[93]

6.4 Outras considerações

As obras *O Menino Nito*, *O cabelo de Lelê* e *Samanta gorducha vai ao baile das bruxas* parecem estar situadas num conjunto de livros com uma perspectiva produtiva de representação dos seus personagens masculinos e femininos, uma vez que as interpretações suscitadas pelos mesmos geraram sig-

93 Teresa Colomer. *Siete Llaves para valorar las historias infantiles*. Madrid: Fundación Germán Sánchez Ripérez, 2005.

nificações importantes sobre os processos de produção de identidades. Nessas obras, os protagonistas (Nito, Lelê e Samanta) aparecem resolvendo conflitos, pensando sobre suas existências (e algumas de suas condições – aparência e atitudes) e conduzindo seus destinos. E dessas histórias, assim mostradas, surgiram comentários orais e produções diversificadas, ora reiterando sentidos naturalizados sobre masculinidades e feminilidades, ora rompendo com essa naturalização.

Essas narrativas, com traços recorrentes e com suas fissuras, emprestam novos contornos à representação de gênero na literatura infantil brasileira contemporânea. Tal fato pode estar construindo as condições de possibilidade para uma educação mais plural, mediante a qual as crianças possam inferir diferentes modos de viver a masculinidade e a feminilidade. Nito chora muito e esse fato/situação obtém a compreensão das turmas! Lelê resolve seu dilema étnico-racial! É evidente que a forma de composição das obras, que fogem ao didatismo empobrecedor e direto, também se abre a tais posturas dos leitores. Na visão das crianças, Lelê cresce, trabalha, encontra amigos, namora, casa-se e tem sucesso com seus cabelos grandes e versáteis. Samanta pode ser magra e gorda, pode casar ou morar sozinha, pede o príncipe em casamento. Mas, em meio ao movimento nada estático dessas representações, são reiterados o namoro, o casamento, os filhos como fortes ícones da instituição social família. A perpetuação desta está vinculada às instituições que a preservam, como, por exemplo, o amor heterossexual,[94] o casamento e os filhos.

Assim sendo, essas personagens, caracterizadas por tais opções, legitimam, em alguma medida, essas instituições. As histórias de família, historicamente narradas, são denominadas por Langellier e Peterson[95] de "monumentos familiares" e compõem o repertório de experiências não tão particulares e bastante sedimentadas no cotidiano sociocultural da sociedade em geral e, como não podia deixar de ser, dessas crianças de modo especial, como se pode verificar.

Não poderíamos deixar de tocar na "peripécia"[96] como um recurso literário utilizado pelas crianças: Samantha tropeçou no vestido, caiu com o suco de uva, mas tinha um vestido reserva. Aí está a peripécia desequilibrando a sequência de ações da narrativa, destacando, também e de modo criativo, a personagem feminina como alguém previdente/determinado a atingir sua meta.

Muitas crianças finalizaram os textos com a coda "E viveram felizes para sempre", o que aponta para experiências anteriores de leitura de narrativas e, de algum modo, a concordância com o fato de

---

94 É preciso lembrar que na contemporaneidade novos arranjos familiares estão surgindo: famílias monoparentais, outros formatos de casais assumindo maternidade e paternidade; entretanto, reiteramos, permanecem muito vivos os laços de família.

95 Kristin Langellier; Eric Peterson. Las historias de La família como estratégia de control social. In: Dennis Mumby (Comp.). *Narrativa y control social*: perspectivas criticas. Buenos Aires: Amorrortu Editores, 1997.

96 A peripécia funciona como um marcador de desequilíbrio da narrativa, instaurando algo de inusitado no desenrolar da trama.

que crescer, trabalhar, ter cabelo diferente, dançar, namorar, ficar magra e, em alguns casos, casar com príncipe traz felicidade.

Reforçando a perspectiva constitutiva da representação, podemos dizer que as obras literárias infantis estão apresentando, em alguma medida, identidades femininas e masculinas plurais. Identidades que passarão a produzir, talvez, outros efeitos na formação de seus leitores crianças.

Obras infantis citadas

BELÉM, V. *O cabelo de Lelê*. São Paulo: Companhia Editora Nacional, 2007.
TWINN, M. *Samanta gorducha vai ao baile das bruxas*. Ilustrações: Kathryn Meyrik. São Paulo: Brinque-Book, 1995.
ROSA, S. *O menino Nito*: então, homem chora ou não? Rio de Janeiro: Pallas, 2002.

Para aprofundar conhecimentos e práticas

Sugestão de discussão em espaços de formação de professores (reuniões, seminários de estudo etc.)

Pense em como se dá a presença masculina e feminina na sua escola e na Secretaria de Educação do seu município: que espaços e funções são ocupados por homens e mulheres? As funções de maior visibilidade e poder são ocupadas por homens ou por mulheres? Reflita com seus colegas sobre as razões históricas que teriam levado a esse modo de organização.

Sugestão de práticas pedagógicas

Promova com as crianças uma roda de conversa, para que elas relatem o cotidiano de homens e mulheres de sua família: no que trabalham, como dividem as tarefas domésticas e o cuidado com as crianças. Discuta os motivos dessa divisão de tarefas e pergunte sobre possibilidades de mudanças nessa realidade (conforme as experiências apresentadas).

Peça a seus alunos que selecionem imagens de homens e de mulheres em jornais, revistas, impressos publicitários etc. Organize a turma em grupos e solicite que cada grupo elabore uma narrativa visual com 4 ou 5 das imagens selecionadas nas quais as personagens masculinas e femininas sejam valorizadas. Em seguida, convide-os a compartilhar e comentar essas narrativas.

Distribua entre seus alunos livros de literatura infantil (obras diferentes que façam parte da biblioteca escolar, por exemplo) e, após sua leitura, peça que cada um (ou o grupo, se a atividade for feita em grupo) fale sobre como eram as principais personagens (masculinas e/ou femininas) – o que elas fizeram na história e como eram apresentadas (descritas). Registre na lousa em duas colunas (para os gêneros masculino e feminino, incluindo as personagens animais) as ações e descrições trazidas pelas crianças. Em seguida, discuta com os alunos essa divisão de atitudes, atributos e ações, confrontando-a com a experiência cotidiana deles. Torne este momento de discussão um espaço importante para romper preconceitos e a imobilidade dos papéis femininos e masculinos.

Referências bibliográficas

AUAD, D. *Educar meninas e meninos*: relações de gênero na escola. São Paulo: Contexto, 2006.

COLOMER, T. *Siete Llaves para valorar las historias infantiles*. Madrid: Fundación Germán Sánchez Ripérez, 2005.

COSSON, R.; MARTINS, A. Representação e identidade: política e estética étnico-racial na literatura infantil e juvenil. In: PAIVA, A.; SOARES, M. (Orgs.). *Literatura Infantil*: políticas e concepções. Belo Horizonte: Autêntica, 2008.

CUNHA, S. R. V. da. Cenários da Educação Infantil. *Educação e Realidade*, v. 30, Porto Alegre, 2005.

GOELLNER, S. V. A produção cultural do corpo. In: LOURO, G.; NECKEL, J. F.; GOELLNER, S. V. (Org.). *Corpo, gênero e sexualidade*: um debate contemporâneo na educação. Petrópolis: Vozes, 2003.

LANGELLIER, K. M.; PETERSON, E. Las historias de la familia como estrategia de control social. In: MUMBY, D. (Comp.). *Narrativa y control social*: perspectivas críticas. Buenos Aires: Amorrortu Editores, 1997.

MEYER, D. E. E. Gênero e educação: teoria e política. In: GOELLNER, S. V.; LOURO, G.; NECKEL, J. (Orgs.). *Corpo, gênero e sexualidade*: um debate contemporâneo na educação. Petrópolis: Vozes, 2003.

7. Humor e comicidade em obras da literatura infantil

Dentro da proliferação atual de títulos de literatura infantil sobre diferença e diversidade, em suas variadas dimensões, conforme se pode observar pelos capítulos deste livro (gênero, deficiência, idade, etnia etc.), chamou-nos a atenção a presença do humor em alguns deles. E foi com base nesse veio que elaboramos este capítulo, que analisa três obras nas quais a diferença está no corpo das personagens ou é sugerida conotativamente recorrendo a animais ou a características fantásticas. O foco da análise são as estratégias de humor utilizadas nas narrativas e o modo como elas produzem, articuladas a outros recursos, narrativas polissêmicas.

Vale ressaltar que a comicidade não é um recurso recente na literatura para crianças brasileiras. Já na obra infantil de Monteiro Lobato, iniciada nos anos 1920, o riso se firma de maneira assaz constante, rompendo, de certo modo, com o didatismo que permeava os escritos destinados ao público infantil até então. Segundo Duarte:

> [...] o humor na obra infantil de Monteiro Lobato manifesta-se sob várias formas: nas falas do narrador, na linguagem, na exploração dos aspectos semânticos das palavras, no *nonsense*, na paródia, nas comparações, na ironia, no cômico da situação, na inversão/subversão da ordem, no grotesco e na construção das personagens.[97]

A perspectiva literária e o uso de recursos humorísticos se acentuam a partir dos anos 1970, quando se reinventam contos de fadas tradicionais, por exemplo, ou quando se utilizam as narrativas orais, marcando-se a comicidade de certas situações ou personagens (caricaturas de professores, por exemplo), ou, ainda, quando os textos assumem um tom irônico ou utilizam outros recursos estilísticos para evocar o riso. Nesse sentido, Colomer afirma que a presença do humor é intensa nos livros canônicos mais recentes e que neles se encontra tanto um humor desencadeado pelo estranhamento de fatos ou personagens em um dado contexto quanto o uso de recursos humorísticos como a paródia, que subverte características de personagens tradicionais, como monstros, bruxas, princesas etc. A autora menciona, também, a "atitude irreverente em relação à tradição do imaginário".[98]

Para dar seguimento a este texto, apresentamos a seguir as três obras selecionadas para a análise,

97 Lia C. Duarte. *Lobato humorista*: a construção do humor nas obras infantis de Monteiro Lobato. São Paulo: Unesp, 2006. p. 43.
98 Teresa Colomer. *A formação do leitor literário*. São Paulo: Global, 2003. p. 340.

que tematizam diferenças e incorporam elementos de humor na narrativa.

7.1 Um esboço das obras em análise

A primeira obra que selecionamos para esta análise é *Felpo Filva*, de Eva Furnari, que tem por personagem principal o escritor e poeta que dá nome à obra. Na sinopse do livro, destaca-se o seguinte: "Esta é a história do Felpo, um coelho poeta um pouco neurótico. Um dia, ele recebeu a carta de uma fã que discordava dos seus poemas, a Charlô. Ele ficou muito indignado e isso deu início a uma troca de correspondências entre eles. O livro conta essa história de maneira divertida, usando os mais variados tipos de texto, como poema, fábula, carta, manual, receita e até autobiografia...".

Já na narrativa principal, a personagem é assim caracterizada:

> "na toca 88, da Rua Despinhos, na cidade de Rapidópolis, morava um coelho solitário. Ele não recebia visitas, não tinha amigos, nunca queria saber de conversa com ninguém. Os vizinhos já estavam acostumados, diziam que ele vivia no mundo da lua, que era distraído e desligado, e que tudo isso se podia entender porque ele era um poeta".

Na sequência do texto, o narrador informa que Felpo sempre fora solitário, desde criança, quando os colegas zombavam dele porque tinha uma orelha mais curta do que a outra. Por essa razão, ele fora submetido a tratamentos como o da máquina de esticar orelhas, cuja engrenagem é apresentada de modo cômico, mediante um manual que explica o funcionamento da "engenhoca". Nesse ponto da narrativa, portanto, a personagem é marcada por uma diferença física.

A solidão do protagonista é tensionada pelo fato de ser ele um poeta famoso. Em uma das cenas, um coelho carteiro surge de modo trôpego, transportando à sua frente uma pilha imensa de cartas, que se eleva para além da altura da casa de Felpo, conforme se pode observar na ilustração. Em certa ocasião, ele recebe uma carta da coelha admiradora Charlô Paspartu e começa a se corresponder com ela. Ao longo da narrativa o leitor acompanha a transformação do protagonista, que deixa de lado o tom pessimista de suas obras, seguindo os conselhos da coelha que, no desfecho, torna-se sua esposa.

A segunda obra que examinamos é *Samanta Gorducha vai ao baile das bruxas*, de Michael Twinn. A narrativa tem como personagem central uma bruxa que "em vez de usar seus poderes para emagrecer sofre, como qualquer mortal, para perder uns quilinhos e poder entrar numa roupa de festa", conforme informa a sinopse do livro. A personagem é marcada pela diferença corporal já na sinopse – "não é boa nem má, é apenas uma bruxa gorducha" – e, na narrativa principal, essa diferença se acentua quando ela não entra no vestido, não encontra nada para o seu tamanho, ou quando, ao voar, quebra a vassoura.

Os chifres de Filomena, de David Small, terceira obra selecionada para este estudo, conta a divertida história de Filomena, uma menina que, ao despertar certa manhã, encontra um par de chifres em sua cabeça. Essa metamorfose provoca uma série de fatos inusitados, que expõem os limites da experiência com a diferença.

É importante relembrar que várias obras atuais dedicadas à diferença recompõem e revigoram certos estereótipos em torno da diferença apresentada, mesmo que, numa primeira leitura, sua abordagem pareça estar rompendo com esse tipo de representação. Nestes casos, geralmente, há um apelo implícito ou explícito à aceitação da diversidade – cultural, etária, social etc. Em outros termos, as diferenças são naturalizadas e descritas para que o olhar infantil se familiarize com elas, utilizando-se, via de regra, uma abordagem predominantemente monológica da temática (a diferença como algo a ser superado, ou como aspecto a ser tolerado) e uma construção linear do fio narrativo (na qual o leitor é convocado a partilhar do ponto de vista conciliador veiculado pelo narrador).

Entretanto, as obras discutidas neste capítulo não apresentam a diferença como algo a ser superado e tampouco como algo a ser aceito ou celebrado. Antes, por meio de um humor construído com recursos estilísticos empregados de forma criativa – principalmente a ironia e a inversão – colocam em circulação uma variedade de leituras possíveis para as diferenças ali apresentadas. A criatividade, aqui, pode ser entendida como a presença de um "pensamento divergente", ou seja, como uma forma de tensionar continuamente esquemas já cristalizados da experiência. Assim, as três obras analisadas parecem abertas a diferentes interpretações, apresentam desfechos pouco prescritivos e adotam alguns procedimentos estéticos comuns à literatura pós-moderna, principalmente a ironia, a comicidade e a metaficção.

De acordo com Linda Hutcheon,[99] um dos principais traços estéticos adotados na composição de obras literárias pós-modernas é a metaficção historiográfica, procedimento pelo qual a história é frequentemente revisitada, impossibilitando que certos pontos de vista hegemônicos e cristalizados se fixem, e colocando em evidência alguns mecanismos discursivos que atuam na construção de significados ao longo da narrativa. Na obra *Felpo Filva*, a metaficção está presente, embora não se trate de uma releitura histórica e sim de um jogo intertextual com o gênero dos contos de fada. De fato, ao longo da narrativa, o próprio protagonista, Felpo Filva, se torna uma personagem metaficcional, pois é poeta e escritor, o que faz com que a história passe a abordar, de forma implícita no enredo, questões ligadas ao ato da criação poética. Além disso,

99 Linda Hutcheon. *A poética do pós-modernismo*: história, teoria, ficção. Rio de Janeiro: Imago, 1991.

a obra levanta a temática da diferença já na epígrafe, que afirma que "Esta história é dedicada a todos aqueles que têm orelhas diferentes". Assim, como o protagonista é apresentado, logo no início, como um coelho/escritor que possui uma orelha mais curta do que a outra, instala-se, no texto, uma ironia em relação à própria figura do escritor, o que contribui para o efeito de comicidade que perpassa todo o fio narrativo.

Em *Os chifres de Filomena*, a diferença é figurativizada através de uma menina aparentemente comum, que certo dia acorda com chifres. No início da narrativa, a diferença aparece como algo inusitado: "Quinta-feira Filomena acordou e viu que tinha criado chifres". Na ilustração, ela aparece sentada na cama, rodeada de objetos e de brinquedos, num típico quarto de menina de classe média. O leitor é atingido pelo mesmo impacto sofrido pela personagem, uma vez que a imagem apresenta, bem no centro do quadro, chifres enormes, como os de um alce.

Em vez de tratar a diferença como um "problema a ser superado", a obra opta por investir no cômico, o que já se percebe nas cenas iniciais, em que a personagem luta para se vestir e para passar pela porta do quarto. Na cena seguinte, ela aparece escorregando pelo corrimão da enorme escadaria de sua casa e ficando presa ao lustre no centro da sala. Embora os acontecimentos seguintes continuem evidenciando que a diferença marcada no corpo da menina provoca contratempos na execução de ações cotidianas, os chifres não a constrangem, não a envergonham e tampouco se configuram, propriamente, como um problema para ela. Pelo contrário, essas dificuldades são apresentadas com humor.

Na trama, são alguns adultos que se assustam, desmaiam, buscam apoio médico e psicológico (principalmente o pai, a mãe, o diretor da escola). Outros, como a copeira e a faxineira, divertem-se com a menina, encontrando diversas utilidades para seus chifres.

"Filomena entrou na cozinha. Lúcia, a copeira, aproveitou e pediu para secar uns panos. 'Lindos Chifres', disse Lúcia". Na ilustração, Filomena está sentada, folheando um grande livro, colocado em seu colo, enquanto a copeira, retratada com um grande sorriso, estende panos de prato nos chifres da menina. Na cena seguinte, ela aparece com ares de satisfação, no centro do quadro, enquanto a cozinheira pendura muitas roscas em seus chifres e sugere: "Vá para o jardim dar comida aos passarinhos".

Samanta Gorducha vai ao baile das bruxas também é uma obra que satiriza algumas formas convencionais de abordar a gordura. Este é, sem dúvida, o problema apresentado na trama e precisa ser resolvido pela personagem, não porque o excesso de peso a incomode, mas porque precisa entrar em um vestido elegante para participar de um baile. Na sala de sua casa de bruxa, adornada com teias de aranha, morcegos, objetos antigos e um caldeirão, ela aparece preguiçosamente cochilando após um farto jantar, quando o corvo-correio lhe traz uma mensagem. A autora faz uso de um recurso intermedial, expondo, na cena, o pergaminho, aberto nas mãos da protagonista, onde se pode ler: "O príncipe Bóris, o Bravo, tem o prazer de convidar Samanta e Tarcísio para o baile das bruxas. Traje a rigor". Samanta e seu gato Tarcísio aparecem no quarto, em frente a um velho guarda-roupa recoberto de teias de aranha, e a protagonista olha com ares de tristeza para um único vestido, de manequim bem menor que o seu.

Ela vai às compras, mas a loja de Felícia, que oferece as peças de vestuário mais sofisticadas para bruxas, exibe uma ampla coleção de vestidos para corpos magros. Assim, Samanta e seu gato Tarcísio são convencidos a ir para um SPA, para perder peso.

O leitor acompanha a agonia da rotina vivida pelos dois, numa narrativa marcadamente irônica, com exagerado número de repetições de exercícios físicos, enquanto a protagonista imagina fartos pratos de diversos alimentos. Destaca-se, nesta obra, uma oposição entre discursos que estabelecem a forma ideal de corpo e o modo de obtê-la, de um lado, e as intenções de Filomena, de outro, em nada compatíveis com ideais de corpo magro. Assim, o texto se torna aberto e polifônico, possibilitando pensar que ora ela acata, ora transgride as "normas" da boa conduta, tudo isso numa narrativa leve e divertida.

Em *Felpo Filva*, prevalece um tom irônico em relação a certas concepções cristalizadas em torno da própria criação literária, o que caracteriza um caso de metaficcionalidade. As inspirações poéticas do escritor são apresentadas do seguinte modo: "um certo dia, quando já era um poeta famoso, tomou uma decisão: ele iria contar para todos a triste história de sua vida. Iria escrever a sua autobiografia". Em outros termos, ele não escreve por dedicação a uma causa ou devido a um talento excepcional, mas sim para expor ou elaborar sua dificuldade com a própria diferença. Se, de um lado, Felpo goza de prestígio, de outro, sua escrita é sombria e lúgubre. Esse discurso literário sisudo, contudo, é questionado com a entrada de uma nova personagem, a coelha admiradora de Felpo, Charlô Paspartu. Embora fã de Felpo Filva, Charlô comete a ousadia de lhe escrever uma carta ao mesmo tempo elogiando sua escrita, mas criticando seu pessimismo, chegando mesmo ao ponto de reescrever um de seus poemas.

É interessante notar que também essa obra acaba criando uma polifonia no texto, pois existe uma contraposição entre a escrita autobiográfica sofrida e existencial (representada por Felpo Filva), de um lado, e a escrita otimista e bem-humorada (representada por Charlô Paspartu), de outro. A autora desta obra utiliza diferentes elementos de intermedialidade nas imagens, entre eles, a apresentação das próprias cartas escritas por Charlô, as folhas amarrotadas onde o poeta escreve seus versos, um telegrama, um álbum de fotografias. Além disso, quando Felpo começa a se questionar sobre o pessimismo de suas obras, aparecem as imagens de seus livros com os respectivos títulos, na página 15: *A cenoura murcha*; *De olhos vermelhos*; *Um pé de coelho azarado*; *A horta por trás das grades*; *Infeliz Páscoa*, o que simultaneamente reforça a ideia de uma escrita pessimista, embora tensionada pela ironia dos títulos. Note-se que esse uso de recursos intermediais funciona também para produzir metaficcionalidade, na medida em que exibe o caráter de construção do próprio ato da escrita, em diferentes versões do mesmo texto e não apenas em sua forma acabada.

Pensou nos títulos de seus livros: *A cenoura murcha*, *A horta por trás das grades*, *De olhos vermelhos*, *Um pé-de-coelho azarado*, *Infeliz Páscoa*.

Ficou cheio de dúvidas, preocupado. Pegou a carta do lixo, desamassou, leu e releu umas quinze vezes. Pensando bem, aquela sinceridade dela até que era bacana. A gente confia mais nas pessoas que falam a verdade. Guardou a carta amarrotada na gaveta da escrivaninha.

Felpo levou um bom tempo para esquecer o assunto e, quando conseguiu, chegou mais um envelope lilás. Ele leu a carta.

15

Figura 4 – Reprodução de página do livro com recursos intermediais.

7.2 O humor e a ironia como estratégia discursiva

Segundo Kirchof, muitas obras que tematizam diferenças de modo a lhes conferir uma solução monológica estão estruturadas a partir de quatro principais tipos de desfecho:

> a **celebração** das diferenças, através da qual a diferença se dilui quando a personagem descobre que não é a única a ser marcada por alguma diferença; nesses casos, ela chega a se transformar em algo especial, bonito e vantajoso, frequentemente a fonte de felicidade e satisfação da personagem; a **compensação**, através da qual a diferença se mantém como algo negativo, mas a personagem diferente acaba superando suas dificuldades devido a alguma qualidade ou habilidade (moral e/ou física) compensatória, acima da média; a **transformação interior**, pela qual a personagem diferente passa por uma transformação interior e acaba aceitando sua diferença, por vezes, inclusive, considerando-se especial por ser diferente. Geralmente esse tipo de abordagem está em consonância com a celebração das diferenças ou com o discurso compensatório; a **reparação**, que ocorre quando a diferença é simplesmente reparada ou consertada, deixando de existir [destaques do autor].[100]

Diferentemente desses desfechos mais corriqueiros, as três obras aqui analisadas exploram percur-

100 Edgar R. Kirchof. Estratégias de composição na literatura infantil contemporânea: a questão da diferença. *Ensino em Re-vista*, v. 18, p. 149, Uberlândia, UFU, 2011.

sos que procuram fugir de esquemas muito simples, em especial quanto ao modo como são resolvidos os pontos de tensão criados ao longo das narrativas. E, se esse projeto pode ser considerado bem-sucedido, deve-se, em grande parte, ao investimento realizado na comicidade e na ironia. A ambiguidade construída a partir de sentidos implícitos, típicos de todo texto irônico, permite que o leitor interprete as histórias aqui apresentadas de maneiras diferentes, sem um apelo muito evidente a qualquer mensagem específica já cristalizada em torno das discussões sobre diferenças e multiculturalismo.

A principal estratégia dos textos consiste em tornar incongruentes, para o leitor, expectativas criadas através de estereótipos típicos do gênero "literatura infantil", o que torna as histórias jocosas e ambíguas. O humor resultaria, assim, de um ingrediente destacado na análise de Possenti:[101] as inversões quanto aos esquemas típicos dos contos de fadas e de outros gêneros infantis, que se pode chamar de mudança de *script* – a narrativa apresenta uma situação cotidiana verossímil (como a de uma menina que acorda na sexta-feira, um dia comum), mas mostra um fato inusitado (ela percebe que está com chifres). De modo geral, as histórias criam certas expectativas no leitor, pois estão vinculadas ao campo da literatura infantil, onde imperam alguns estereótipos em relação a crianças felizes e a um mundo

101 Sírio Possenti. *Os humores da língua*: análises linguísticas de piadas. Campinas: Mercado de Letras, 1998.

fantástico idealizado, povoado com seres do bem e do mal, como fadas e bruxas, duendes e anões, princesas, príncipes e monstros, entre tantos outros.

Ao mesmo tempo em que mobilizam algumas fórmulas desse campo, as narrativas aqui analisadas também instauram incongruências com relação a essas mesmas fórmulas, o que gera o efeito da comicidade (por exemplo, quando se aciona um *script* de contos de fadas, no qual se antecipa um encontro da protagonista com um príncipe encantado, mas a narrativa rompe com essa expectativa, apresentando um fato ou um desfecho inusitado). Trazendo exemplos das obras, podemos ver que Filomena é uma menina comum e, como tal, a expectativa é que se envolva em uma trama que termine em final feliz. Samanta é convidada pelo príncipe para comparecer a um baile, o que já pode ser considerado uma relação intertextual com vários esquemas narrativos dos contos de fadas, especialmente aqueles relativos à história de Cinderela. No entanto, o modo irônico como os contos de fadas são agenciados produz sentidos ambíguos, que permitem ao leitor realizar diferentes interpretações. De modo semelhante, Felpo Filva, ao ser apresentado como um coelho/escritor, mobiliza imagens e representações típicas de contos de fadas e de fábulas para, em seguida, desestabilizar os sentidos já cristalizados em torno de tais representações.

Em poucos termos, as três narrativas iniciam mobilizando certas expectativas por parte do leitor, respaldadas em um repertório comum, em esquemas narrativos e, inclusive, em fórmulas ligadas aos gêneros a que pertencem – os contos de fadas, por exemplo, têm geralmente um príncipe ou uma princesa e terminam em casamento. As fábulas, por sua vez, apresentam animais que nos ensinam determinados preceitos éticos pela simbologia de sua figurativização. No entanto, ao longo das histórias aqui analisadas, e de modo especial em seus desfechos, essas expectativas inicialmente mobilizadas acabam não sendo contempladas, mas desestabilizadas pelo humor e pela ironia, o que incita o leitor a procurar por novos sentidos ou, para utilizar os termos de Umberto Eco, a tornar-se um *leitor-modelo*, cooperando com a construção dos sentidos do texto (Eco, 1986).

No caso de Samanta, certa expectativa típica de contos de fadas é gerada e se mantém ao longo da trama – trata-se de uma bruxa convidada pelo príncipe para participar do baile das bruxas. Tal enunciado mobiliza um repertório vinculado ao gênero (contos de fadas), embora, em diferentes momentos, ocorram rupturas – ela vai às compras não para parecer a mais bela, mas para poder entrar no baile, já que seu único vestido não serve mais; com a mesma intenção, ela frequenta o SPA, sempre acompanhada de seu gato, permanecendo dias sem comer, mas imaginando fartas bandejas de alimentos que, na cena final, estão em destaque na mesa de jantar do baile das bruxas. É no desfecho, porém, que a maior incongruência é estabelecida, pois o leitor tem a possibilidade de fechar o livro e encerrar a história no momento em que Samanta chega ao baile e encontra o príncipe Bóris. Tal cena é assim descrita:

> Finalmente chegou o dia do grande baile!
> Valeu a pena. Samanta e Tarcísio chegaram em grande estilo.
>
> Samanta foi recebida por Bóris, o bravo.
> Ele nunca a tinha visto assim tão linda.
>
> – Samanta, você está maravilhosa, parece uma rainha. Acho que encontrei meu par perfeito. Você me concede a primeira dança?

Nas ilustrações, Samanta e Tarcísio são vistos chegando em uma carruagem conduzida por um imponente dragão e, na página seguinte, eles estão diante de Bóris, o príncipe. Ao fundo, pode-se ver a ampla e farta mesa de guloseimas. Por outro lado, em uma atitude estilisticamente ousada, a autora concede, ao leitor, uma escolha quanto ao desfecho, assim anunciada no canto inferior da página: "caro leitor, caso seja esse o final que você esperava, feche o livro e não leia mais nada". Como se percebe, o fio narrativo é interrompido, gerando-se uma interlocução entre o narrador e o leitor. Além disso, o leitor pode interferir na sequencialidade e no desfecho da narrativa, o que lhe confere um grande teor de liberdade interpretativa.

E caso o leitor efetivamente opte por um segundo desfecho, poderá ler, na página seguinte, que Samanta empurra o príncipe para um lado e diz: "eu não fiz esse sacrifício todo por causa de uma dança boba". A protagonista e seu gato correm para a mesa e devoram vorazmente os pratos oferecidos, o que caracteriza uma ruptura abrupta com a expectativa criada, a partir do repertório de contos de fadas tradicionais, segundo o qual geralmente as belas protagonistas terminam a história casadas com o príncipe.

A bruxa é vista, na cena final, sentada no chão, extasiada, com o rosto lambuzado de comida e o vestido rasgado de tanto comer. Tarcísio está sobre a mesa, e ambos exibem um sorriso irônico, pleno de contentamento. Pode-se dizer, assim, que a narrativa parece compactuar com o estereótipo dos contos de fadas apenas para, inesperadamente, romper com as expectativas criadas, tornando a narrativa cômica e ambígua. Consequentemente, geram-se deslocamentos de sentidos já cristalizados pelo repertório da literatura infantil, e as possibilidades interpretativas são expandidas gerando uma polissemia típica de obras abertas.

Em *Os Chifres de Filomena*, entram em cena diferentes especialistas que buscam, em vão, resolver o problema do surgimento inexplicável de chifres na cabeça da protagonista. Soluções como criar um chapéu amplo o bastante para esconder os chifres são apresentadas de modo cômico, explorando-se, desse modo, os desastres dessas iniciativas e os consequentes desmaios da mãe. No desfecho, tudo indica que o problema será resolvido, pois, ao despertar, a menina já não possui a incômoda marca que a distingue. Ela se veste alegremente, desce as escadas e mostra o rosto no canto da porta. Para alívio da mãe e do pai, Filomena não tem mais os grandes chifres de alce na cabeça. "Mas aí, ela entra na sala..." A ilustração exibe a menina com um pomposo e colorido rabo de pavão e um amplo sorriso na face. A cena se torna cômica porque as expectativas do leitor em relação ao tão esperado "final feliz" – fórmula característica do repertório de narrativas infantis tradicionais – são frustradas, e também pela reação já esperada de certas personagens da história: o pai coloca as mãos na cabeça, em desespero, e a mãe desmaia.

Em *Felpo Filva*, uma das incongruências exploradas pode ser percebida no momento em que Charlô envia a Felpo uma carta que acaba sendo desvirtuada quando o papel se encharca com a água da chuva. "Fel venha logo, engoli piano, ajudar". Novamente, o aspecto autorreferencial da construção do signo é colocado em evidência, de modo engraçado, levando o leitor a colocar em questão o sentido fixo de um texto escrito e de sua mensagem. Ela escreve uma carta para que o poeta encontre aí as palavras certas, mas a mensagem se transforma em outra coisa.

No desfecho dessa última narrativa, embora a trama entre Felpo e Charlô termine com o casamento entre ambos, não há uma verdadeira solução, ou seja, não há a superação da diferença física anunciada anteriormente. A questão do tamanho das orelhas, aliás, é abandonada ao longo da trama, cedendo espaço para a intriga amorosa entre

Felpo e Charlô. O que parece ocorrer, por outro lado, é uma releitura, por parte do protagonista, de suas vivências que antes impregnavam suas poesias de significados tristes. Ele aprende com Charlô que a diferença pode tornar nossas histórias tristes, mas que isso não é absolutamente necessário. Como se percebe, não se trata de uma mensagem monológica, mas de um convite à reflexão. Em outros termos, a passagem do conflito para o desfecho não apresenta propostas esquematizadas e populares de solução para as dificuldades geradas pela diferença; antes, instiga o leitor a pensar que a temática da diferença pode se manifestar de distintas maneiras no discurso e atuar de múltiplos modos em nossas vidas.

7.3 Palavras finais

As várias incongruências apresentadas ao longo das "aventuras" vividas por Felpo, Filomena e Samanta impossibilitam a instalação de sentidos fixos e homogêneos nos textos aqui examinados. Some-se a isso o fato de tais obras não recorrerem aos desfechos mais comuns, utilizados para resolver o conflito instaurado a partir do diferente que entra em cena. Em outras palavras, não se trata de compensar as supostas "ausências" ou "carências" – de controle, de racionalidade, de maturidade – destas personagens; também não se trata de promover uma suposta transformação interior que possibilite, à personagem, aceitar a diferença como condição natural, ou redimi-la pelo amor de outros; essas narrativas tampouco procuram celebrar uma diversidade genérica, como se a tolerância fosse a "chave mágica" que abre passagem para uma sociedade onde todos serão respeitados. Antes, nessas obras, o leitor é convidado a realizar uma leitura que se abre em muitas direções e que flui e se movimenta em vez de referendar sentidos já estabelecidos através de um repertório de imagens e fórmulas amplamente divulgado em relação ao gênero da literatura infantil.

Utilizando-se de recursos humorísticos, essas obras ampliam as possibilidades semânticas da narração, convidando o leitor a participar da atividade de construção de significados, e não apenas a acatar aquilo que parece natural e evidente. A diferença, nessa perspectiva, não é tratada como um problema em busca de solução, mas como uma temática que se constitui e se reconfigura continuamente, em práticas culturais de representação.

Obras infantis citadas

FURNARI, E. *Felpo Filva*. São Paulo: Moderna, 2006.
SMALL, D. *Os chifres de Filomena*. Tradução: Drusa Lyra. São Paulo: Cia das Letrinhas, 2003.
TWINN, M. *Samanta gorducha vai ao baile das bruxas*. Ilustrações: Kathryn Meyrik. São Paulo: Brinque-Book, 1995.

Para aprofundar conhecimentos e práticas

Sugestão de reflexão e análise crítica individual ou em grupo

Escolha um livro de literatura infantil cuja narrativa seja construída com uso de recursos humorísticos e reflita sobre as seguintes questões: de que modo o humor é construído na narrativa? Quais são as estratégias utilizadas para tornar o texto cômico? Que passagens do texto provocam o riso?
Se a obra fosse comparada com histórias tradicionais da literatura infantil (como os contos de fadas, por exemplo) que tipo de incongruência poderia ser encontrado? Identifique aspectos que rompem com a expectativa do leitor e que parecem inusitados, pensando sobre a forma como esses aspectos contrariam determinado roteiro *que o leitor, de certa forma, antecipa. Verifique se o desfecho das histórias é fechado e segue esquemas preconcebidos ou é aberto, permitindo a realização de diferentes interpretações por parte do leitor.*

Sugestões de práticas pedagógicas

Planeje uma estratégia de trabalho com pelo menos um dos livros citados. Você poderá ler com os alunos as obras analisadas e propor a construção de narrativas engraçadas, levando em conta os recursos encontrados nas obras analisadas. Uma possibilidade é construir, com os alunos, inversões quanto aos esquemas típicos dos contos de fadas e de outros gêneros infantis, em que princesas são belas, bruxas são más, fadas são boazinhas, príncipes são os salvadores das princesas, dragões e monstros são cruéis etc.
Você pode realizar um trabalho comparando livros infantis (podem ser versões dos contos de fadas clássicos) e desenhos animados recentes endereçados para crianças, que explorem recursos de humor. Nesse contexto, você pode trabalhar com filmes de animação bem conhecidos, como Shrek *(no mínimo, o primeiro da série), dirigido por Andrew Adamson e Vicky Jenson, ou* Deu a louca na Chapeuzinho, *dirigido por Cory Edwards, entre vários outros.*

Referências bibliográficas

COLOMER, T. *A formação do leitor literário*. São Paulo: Global, 2003.

DUARTE, L. C. *Lobato humorista*: a construção do humor nas obras infantis de Monteiro Lobato. São Paulo: Unesp, 2006.

ECO, U. *Lector in fabula*: a cooperação interpretativa nos textos narrativos. São Paulo: Perspectiva, 1986.

HUTCHEON, L. *A poética do pós-modernismo*: história, teoria, ficção. Rio de Janeiro: Imago, 1991.

KIRCHOF, E. R. Estratégias de composição na literatura infantil contemporânea: a questão da diferença. *Ensino em Re-vista*, UFU, v. 18, 2011.

KIRCHOF, E. R.; SILVEIRA, R. M. H. Professoras moralizadoras, normalizadoras ou ausentes: a literatura infantil retratando as diferenças. *Anuário de Literatura*, v. 13, n. 2. Florianópolis: UFSC, 2008. Disponível em: http://www.periodicos.ufsc.br/index.php/literatura/article/view/7358/8406. Acesso em: 27 fev. 2012.

POSSENTI, S. *Os humores da língua*: análises linguísticas de piadas. Campinas: Mercado de Letras, 1998.

8. Leituras de crianças sobre a diferença étnico-racial

O ensino da cultura africana e da cultura dos afrodescendentes é uma das mais importantes demandas educacionais contemporâneas no Brasil. No âmbito legal, pode-se mencionar a Lei 10.639, sancionada em 2003, que institui o ensino da cultura e da história afro-brasileiras e africanas e veio alterar a Lei 9.394, que estabelece as diretrizes e bases da educação nacional. Certamente, essas demandas legais têm suas origens nos movimentos sociais que, no caso específico, para além das lutas contra o tratamento discriminatório histórico em relação à etnia negra na sociedade brasileira, também cerraram fileiras na reivindicação do reconhecimento da contribuição da cultura de matriz africana no nosso cotidiano, em toda sua complexidade.

É evidente que essa legislação e os efeitos que tem tido nos espaços escolares se refletem diretamente na produção editorial, nunca esquecendo o quanto a nossa escola está ainda atrelada à letra escrita e, no caso dos livros para crianças, permeada pela crença de que, por meio da "diversão" e da ludicidade que poderiam ser proporcionadas pelos livros, temas difíceis – como o preconceito e o racismo – podem ser mais fácil e produtivamente abordados.

É assim que a produção de livros de literatura infantil que ora tematizam especificamente situações de racismo, ora buscam a valorização da tradição cultural dos países africanos, pelo reconto de narrativas tradicionais africanas, ora buscam reverter a histórica invisibilidade da etnia negra na composição das personagens centrais dos livros, tem se multiplicado nos últimos anos, com maior ou menor sucesso no âmbito da literariedade. E é dentro desse panorama maior que, neste capítulo, temos como objetivo trazer à discussão alguns modos como as representações raciais contidas em dois livros infantis que se inserem nessas novas vertentes vêm sendo percebidas pelas crianças. Assim, para discutir a questão da identidade étnico-racial negra, a partir dessas leituras, lançamos mão das interpretações feitas por um grupo de 27 crianças de 8 a 10 anos, do terceiro ano do Ensino Fundamental, alunos de uma das escolas públicas estudadas, situada em bairro central do município de Porto Alegre/RS.

O mote para a nossa discussão da temática étnico-racial foi a contação de duas obras: *O menino Nito*, de autoria de Sônia Rosa, e *O cabelo de Lelê*, de Valéria Belém, ambas de literatura infantil brasileira contemporânea, já exploradas no capítulo 6, no que diz respeito às questões de gênero. Retomando-as brevemente, relembramos que *O menino Nito* traz a história de um menino que, na voz do narrador, "tinha um probleminha: chorava por tudo". Em determinado momento da trama, então, o pai chama-o para uma conversa e diz: "Nito, meu filho, você está virando um rapazinho... já está na hora de parar de chorar à toa. E tem mais: homem que é homem não chora! Você é macho!".

Nito resolve, então, trancar os choros, chegando até a adoecer por isso. A família chama então um médico, o Dr. Aimoré, que, após uma conversa com o menino, prescreve que este "desachore" os choros engolidos. Ao final, pai e filho se abraçam e compreendem a "lição"; nas palavras do pai: "Acho que agora aprendemos a lição: chorar é bom. Às vezes deixa a gente mais homem".

Efetivamente, o conflito narrativo se instaura em torno da regra cultural e social que relaciona o choro, nos homens, a uma falta de masculinidade. A questão étnico-racial não emerge como problema; sua presença se dá na narrativa imagética – a família e até o médico são representados como negros, sem que haja qualquer referência no texto verbal. Essa obra se insere em tendência bastante recente na literatura infantil brasileira segundo a qual as personagens negras são inseridas em tramas cujos principais conflitos são de outra natureza, não sendo focalizadas diretamente situações de discriminação. Tal tendência busca reverter a tradicional invisibilidade das personagens negras (quando não descritas verbalmente pela referência étnica) e a escolha do branco como "representante da espécie humana". Frequentemente as personagens negras só são caracterizadas como tal nas ilustrações, numa proposta que se poderia descrever como de representação naturalizada da diversidade étnica brasileira.

A segunda obra (*O cabelo de Lelê*), em que a narrativa imagética prepondera sobre a verbal, versa sobre a não aceitação do cabelo por parte da protagonista negra; assim se inicia o texto: "Lelê não gosta do que vê. – De onde vêm tantos cachinhos? Pergunta, sem saber o que fazer." Para resolver seu conflito e procurar resposta para a pergunta várias vezes repetida, Lelê recorre a um livro em que descobre sua história e a beleza da herança de seus ancestrais africanos.

Julgamos importante, para nossa análise, considerarmos que raça-etnia constitui um marcador que posiciona os sujeitos negros de uma determinada forma, significando-os como o "outro", em oposição ao branco. Portanto, a identidade étnico-racial não se delimita apenas pela cor da pele, normalmente tomada como o traço identitário definidor da pertença racial no Brasil, ou, mesmo, pelo tipo de cabelo, mas por outros traços constituídos no transcorrer das narrativas (quer nas ilustrações, quer nos textos). Neste sentido, raça e etnia não são vistas como "atributos naturais", mas como construções culturais que se instituem nos mais variados artefatos – incluindo os livros de literatura, que contribuem para a recriação das identidades raciais dos sujeitos que com eles interagem. Reitera-se, pois, a dimensão pedagógica da literatura infantil (independentemente ou não das intenções dos autores), a qual, neste estudo, se estabelece nas representações – de negros e brancos – que são apresentadas às crianças nas obras em questão. Tradicionalmente – e vários estudos já foram feitos nesse sentido sobre a literatura para crianças de décadas passadas – essas representações estiveram empenhadas na construção de uma identidade étnico-racial negra depreciada. Nesse sentido, podemos relembrar Brookshaw (1983, p. 13), que aponta que "o modo como o branco vê o negro, portanto, foi moldado desde a infância pelas histórias em que a negritude era associada ao mal e os que faziam mal eram negros".[102]

Mas, por outro lado, não podemos ignorar que:

> O fato de que o termo raça não tenha nenhum referente físico, biológico, real, não o torna menos real em termos culturais e sociais. Por outro lado, na teoria social contemporânea, sobretudo naquela inspirada pelo pós-estruturalismo, raça e etnia tampouco podem ser consideradas como construtos culturais fixos, dados, definitivamente estabelecidos. Precisamente por dependerem de um processo histórico e discursivo de construção da diferença, raça e etnia estão sujeitas a um constante processo de mudança e transformação.[103]

Essas transformações se instauram, entre outros modos, pelas leituras e interpretações que fazemos dos artefatos; assim, o modo como as crian-

---

102 David Brookshaw. *Raça e cor na literatura brasileira.* Porto Alegre: Mercado Aberto, 1983. p. 13.
103 Tomaz Tadeu da Silva. *Documentos de identidade*: uma introdução às teorias do currículo. Belo Horizonte: Autêntica, 1999. p. 101.

ças leem e interpretam as narrativas literárias termina, também, por constituir o que elas entendem por raça e etnia.

8.1 "Depois do Atlântico vem o quê? O Pacífico". África, essa desconhecida

Tanto quanto as discussões raciais, os ensinamentos escolares sobre a identidade étnico-racial negra parecem ser um apêndice curricular. Não surgem da necessidade de compreender e/ou enfrentar um conflito étnico-racial instaurado na classe, por exemplo, mas como um saber a mais, que deve ser trabalhado e, muitas vezes, abstratamente cobrado na esteira da demanda atual de discutir, na escola, a inclusão social e a questão da diferença. Ensina-se o nome dos oceanos, o nome dos continentes, dos países, das raças, muitas vezes, sem relacionar essas informações com alguma vivência concreta por parte das crianças. No momento de discussão do texto em questão, isso se fez perceber. A turma, quando incitada a construir inferências possíveis a partir da segunda narrativa trabalhada, *O cabelo de Lelê*, lançou ideias interessantes, porém sem relação com nenhum acontecimento/sentimento mais próximo ou distante. A frase que dá título a esta seção de nosso texto foi dita por um aluno, quando indagamos *"depois do Atlântico vem o quê?"* na intenção de localizar e reforçar a existência da África.

Esta tentativa de reforço deveu-se ao fato de que, na obra, o narrador aponta a consulta a um livro sobre países africanos como a chave para "resolver" o conflito de Lelê, no qual – se infere – está escrita a seguinte estrofe:

> Depois do Atlântico, a África chama
> E conta uma trama de sonhos e medos
> De guerras e vidas e mortes no enredo
> Também de amor no enrolado cabelo [...]

Nessa conversa, as inferências geográficas foram bastante peculiares. As crianças, ao descobrirem que o mar que algumas conheciam era o oceano Atlântico, depois de estimularmos seus conhecimentos prévios sobre praias supostamente frequentadas por elas, fizeram referência às praias do litoral norte gaúcho. Uma delas, ao referir-se a uma praia do lago Guaíba (cujo nome é Ipanema), afirmou: *tem duas Ipanema, a de Nova York e a da zona Sul.*

Há aqui uma "salada de saberes" mobilizados não necessariamente de modo articulado, mas significativos, levando-se em conta a idade e a série dos pesquisados. Do ponto de vista da potencialidade da leitura, esses momentos foram/são preciosos, pois, durante as interações, os esclarecimentos iam sendo feitos e outras relações sendo estabelecidas. Mapas foram trazidos, oceanos, países e cidades foram sendo identificados com alegria pelas crianças ao perceberem suas novas descobertas. A literatura em sala de aula permitiu, então, o conhecimento de outras perspectivas e também a aquisição de informações de outros contextos.

> A leitura supõe ampliação da experiência, já que nos põe em contato com outras vozes que traduzem outras experiências, outras maneiras de entender a realidade na qual se inclui a visão de um mesmo. [...] A curiosidade por saber coisas "reais" é um afã humano que a ficção tem acolhido sempre de uma ou outra forma.[104]

Todavia, a representação étnico-racial não se dá a ler de imediato: não é percebida em si mesma – quer no texto escrito, quer na imagem –, mas pode ser percebida à medida que "educamos" o olhar para lê-la. Há, ainda, um significativo número de autores que consideram grande o poder pedagógico da literatura, no sentido de vê-la como um artefato central nas práticas escolares. Dentre estes, Dória destaca as potencialidades da literatura como artefato pedagógico antirracista, ao afirmar:

> Nossa postura, a esse respeito, é clara: acreditamos que, se livros de literatura enfocando o preconceito fossem adotados desde a pré-escola, esse silêncio sobre o assunto seria imediatamente quebrado, pois a literatura, como poderosa construção simbólica, penetra a consciência do indivíduo, tanto em nível profundo como em nível imediato, possibilitando, por exemplo, a discussão do tema, uma apreensão diferenciada dele, rompendo com as imagens sociais preconcebidas ou estereotipadas.[105]

---

104 Teresa Colomer. *Siete llaves para valorar las historias infantiles*. Madrid: Fundación Gérman Sánchez Riperéz, 2005. p. 141.

105 Antonio Sampaio Dória. *O preconceito em foco*: análise de obras literárias infantojuvenis – reflexões sobre história e cultura. São Paulo: Paulinas, 2008. p. 43.

Não aderimos integralmente a essa perspectiva, uma vez que consideramos importante problematizar o "poder" da literatura – ou de qualquer outro artefato – para desconstruir preconceitos e estereótipos. Julgamos que os artefatos desempenham um importante papel; entretanto, seus ensinamentos se dão, muitas vezes, pelos silêncios, omissões e modos de dizer que, de um modo relacional, vão instituindo as significações do "ser negro", no caso, mediante significações do "ser branco". Portanto, ao agregar ao mundo branco – por meio das personagens – os valores tidos como positivos (beleza, caráter, valentia, inteligência etc.), se constrói, por oposição, não necessariamente afirmada na narrativa verbal ou apresentada na narrativa imagética, a identidade negra como o polo oposto – feiura, deslealdade, covardia, ignorância, sexualidade exacerbada, subserviência etc.[106]

Percebemos esse processo de construção das identidades por oposição operando durante a pesquisa, quando realizamos as contações das duas obras literárias anteriormente mencionadas.

Há uma assimetria nas interpretações dos dois textos quanto às questões raciais. Em *O menino Nito* (primeira narrativa trabalhada), a questão racial passou, para as crianças, despercebida, ocultada pela força dos marcadores identitários de classe. Deste

---

106 Gládis E. P. Kaercher. *O mundo na caixa*: gênero e raça no Programa Nacional Biblioteca da Escola – 1999. Tese de Doutorado em Educação. Faculdade de Educação/Programa de Pós-graduação em Educação. Porto: Alegre: Universidade Federal do Rio Grande do Sul, 2006.

modo, os traços das ilustrações terminaram por conduzir o olhar das crianças para a "visão" da temática da história (o conflito quanto às representações de masculinidade do pai – homem não chora – e do filho – menino "chorão") e não para a peculiaridade da representação racial (uma história onde todas as personagens são negras).

A imagem da família mononuclear, de classe média – indicada pelos móveis, pela presença de óculos no pai e no médico, os abajures, os quadros, as cortinas, o porta-retratos etc., com um único filho, com disponibilidade financeira suficiente para chamar um médico a domicílio para atender este filho, pelo médico (profissão histórica e majoritariamente desempenhada e representada por pessoas brancas) – acaba por apagar a pertença étnico-racial.

Destacamos o fato de, durante as interações ocorridas após a contação, nenhuma criança dessa turma identificar ou mencionar a pertença étnico-racial das personagens.[107] O que vimos foi uma reação de encantamento e surpresa – evidenciada pelas infinitas e calorosas interjeições enunciadas durante algumas passagens da contação da história. Em momentos específicos, nos quais a narrativa trazia novas expressões denotando a intensidade dos conflitos emocionais – instantes de tensão quando Nito "tranca" os choros, ou quando retoma as lágri-

107 Em outra turma, de 4º ano, um menino mais velho, entretanto, deu pistas sobre esta percepção, ao mencionar, em aula posterior ao trabalho, na qual relembrávamos as leituras já feitas, que o "menino Nito era primo da Lelê".

mas "desachorando" (expressão usada no texto) –, as crianças externavam suas emoções/impressões: "ah!!!", evidenciando alívio quando o menino tornava a chorar; "oh!!!", quando o texto menciona o número de choros engolidos pelo menino etc. Isso ratifica o fato de que

> as obras literárias intentam provocar um conjunto de emoções que permitam ao leitor participar mais intensamente na ficção que se expõe frente a seus olhos. Através de diferentes recursos constroem cenas de uma grande potência sensitiva, visual e sonora e buscam formas de pulsar distintas fibras emocionais, seja o terror ou a ternura, a placidez ou a excitação.[108]

Essa potencialidade da literatura se evidenciou na experiência de leitura vivenciada na pesquisa, evocando os processos educativos que se consolidam sobre o sensível, o estético, o emotivo, processos esses, muitas vezes, tão silenciados ou negligenciados pelas escolas em suas costumeiras ações pedagógicas.

Vimos a questão racial surgir mais fortemente na fala das crianças e em suas produções escritas na interpretação de *O cabelo de Lelê*, após conduzirmos a leitura e colocarmos questões às crianças.

---

108 Teresa Colomer. *Siete llaves para valorar las historias infantiles*, cit., p. 90.

8.2 “Será que tem piolho nesse cabelo?” – estereotipias em ação

Figura 5 – Capa do livro *O cabelo de Lelê*

Esta pergunta foi feita por uma das crianças participantes da pesquisa, quando realizávamos a leitura das primeiras páginas do livro e predições sobre o conteúdo da obra. Ao explorarmos a capa, com a imagem de Lelê (personagem principal) e sua vasta cabeleira, um menino indaga: “Será que tem piolho nesse cabelo?”. Mais que isso, surgiram dúvidas em relação aos marcadores de gênero: “Será que é menino?”, fato que foi sendo esclarecido ao longo da narrativa.

Essa fala reitera as representações do cabelo negro como feio, sujo, ruim, reveladas em vários estudos sobre as representações da raça negra no Brasil. Isso reforça a ideia de que

> A atribuição de valores negativos a detalhes do corpo negro e mestiços induz a formação de uma baixa autoestima responsável pela disseminação sutil da ideologia do branqueamento difundida no país. Porque o cabelo crespo foi sempre considerado difícil, selvagem, mal agradecido a cremes e óleos, passou a ser denominado ruim, alargando a rede de sentidos depreciativos relacionados com partes do corpo negro.[109]

A obra *O cabelo de Lelê*[110] trata do tema de modo diferenciado e sem tom panfletário, evidenciando a busca da personagem pelo conhecimento de suas origens, ainda que reforce um aspecto marcante de outras obras da literatura infantil brasileira, nas quais o texto escrito e as ilustrações concorrem para construir representações étnico-raciais com traços racistas, apesar de o intuito ser, aparentemente, o de denunciá-las.[111] Esse dado não anula o valor literário dessas obras, apenas exige que tenhamos o olhar aguçado para os modos como essas representações são lidas pelas crianças.

A narrativa, já em sua primeira página, enuncia: "*Lelê não gosta do que vê. – De onde vêm tantos cachinhos? Pergunta sem saber o que fazer*" (p. 5, grifos nossos), mostrando o olhar da personagem, direcionado para uma extensa mancha disforme, escura, esfu-

109 Maria Nazareth S. Fonseca. Visibilidade e ocultação da diferença: imagens de negro na cultura brasileira. In: Maria Nazareth S. Fonseca (Org.). *Brasil afro-brasileiro*. Belo Horizonte: Autêntica, 2000. p. 102.
110 Importante estudo sobre o livro está no texto "Representação e identidade: política e estética étnico-racial na literatura infantil e juvenil", já citado, no qual Rildo Cosson e Aracy Martins analisam aspectos da narrativa verbal e imagética da obra. Efetuamos outras considerações sobre o trabalho com ela no capítulo 2, *Lendo as diferenças na literatura infantil: pistas metodológicas*.
111 Neste sentido, vale retomar o texto de Gládis Kaercher (ver nota 106).

maçada que cobre a página. Mais adiante (p. 6, grifos nossos), reforça-se a ideia *"Jeito não dá, jeito não tem"*.

O que não tem jeito pode ser algo bom? Há como desejar aquilo que se teme? Estas parecem ser questões lançadas de imediato aos leitores, quer pelo texto, quer pelas imagens, incitando a busca de "soluções". Ou seja, saídas para o dilema que se apresenta. Na obra, a personagem vai pesquisar a origem de seu "mal" (os cachinhos "incontroláveis") e encontra alívio na compreensão de sua herança racial por meio da leitura de um "livro", enfatizando, assim, a importância do conhecimento (no caso, letrado) para a resolução dos conflitos. Nas leituras e interpretações das crianças participantes do estudo, a "solução" é bem outra: *"Por que ela não vai ao cabeleireiro e corta os cabelos? Por que a Lelê não corta aqueles cabelos dela?"*. Na conversa sobre as alternativas para os penteados de Lelê (com base nas ilustrações das p. 16 e 17), as ideias trazidas pelas crianças foram variadas, demonstrando, muitas vezes, o incômodo que elas sentiam com os penteados apresentados nas imagens: *"Por que ela não faz chapinha? Podia fazer rabo de cavalo. Podia fazer dois coques gigantes. Podia fazer chuquinha. Encher de trancinha"*.

Essas alternativas apontam para o fato de que as crianças buscam uma normalização da imagem de Lelê: não é possível continuar com a cabeleira "indomável"! É necessário fazer algo que contenha, discipline, padronize aquilo que é desviante – o cabelo –, ainda que, pela anomalia do tamanho, a solução tenha de ser "gigante": um coque gigante.

Podemos salientar aqui a busca contemporânea pelo cabelo liso, aceito como padrão de beleza inquestionável atualmente, como uma espécie de imperativo que atinge o cabelo crespo dos negros, mas também qualquer cabelo que comporte ondas, sinuosidades e não seja estritamente "produzido pela chapinha"...

Estas são aprendizagens raciais ofertadas para as crianças negras e brancas; no cotidiano, elas são ratificadas, em diversificadas instâncias culturais e sociais. Nessas aprendizagens, significações sobre a identidade étnico-racial negra vão sendo construídas e apontam para o fato de que

> Ter vários atributos considerados negativos faz com que a criança negra ou mestiça aprenda desde cedo que é diferente porque portadora de um rosto/corpo/cabelo que a faz pior que as outras crianças: mais feia, mais sem graça, mais pobre, mesmo que não o seja, mais tipo para receber apelidos que a excluem do mundo dos outros diferentes dela.[112]

8.3 "Herança é um presente que a gente ganha": a dimensão positiva da pertença étnico-racial

Em uma passagem da obra *O cabelo de Lelê*, quando a personagem aceita sua origem e sua negritude, a autora afirma que Lelê

---

112 Maria Nazareth S. Fonseca. Visibilidade e ocultação da diferença: imagens de negro na cultura brasileira. In: Maria Nazareth S. Fonseca (Org.). *Brasil afro-brasileiro*, cit., p. 103.

Descobre a beleza de ser como é
Herança trocada no ventre da raça
Do pai, do avô, de além-mar até [...]

Em um dado momento das interpretações das crianças sobre a obra, uma delas enunciou a frase que tomamos como título, após termos indagado sobre a palavra **herança**. Com a fala da aluna, vimos emergir a noção de positividade agregada à pertença étnico-racial negra. Parece, assim, que a negatividade do cabelo, que vinha até aquele momento sendo destacada, é transmutada em um valor positivo. Esse processo reforça a costumeira normalização ou correção da diferença, apontada em outros estudos,[113] ou seja, a tendência de as diferenças serem "corrigidas" no decorrer das narrativas, de uma ou de outra forma. Assim, cegos passam a ver, cadeirantes saem andando, gordos emagrecem, cabelos crespos se "domam".

Esse desejo normalizador aparece nas interpretações escritas e imagéticas construídas pelas crianças. Ao distribuirmos para as crianças uma folha com uma das 50 imagens de penteados constantes no livro e solicitarmos que escrevessem um pouco sobre a vida de Lelê, levando em consideração que ela havia crescido, elas evidenciaram a busca pela correção da diferença étnico-racial. Em um total de vinte e sete produções dessa turma, a personagem

---

113 Edgar R. Kirchof. O corpo deficiente e a literatura infantojuvenil contemporânea. In: Seminário Corpo, Gênero e Sexualidade: composições e desafios para a formação docente, 4, 2009. *Anais*. Rio Grande: FURG, 2009. p. 1-10.

Lelê foi representada como branca por treze crianças, pela cor escolhida para sua pele nos desenhos. Esse é um fato nada desprezível, uma vez que tinham a sua disposição uma variedade de lápis coloridos. Mais que isso, a saída definitiva para o cabelo (alívio do desconforto) aparece em passagens textuais como *"E ela finalmente cortou o cabelo"*, ou ainda *"Ela está mais feliz com o namorado e ela não se preocupa tanto com o cabelo"*.

Mas também emergem outras representações sobre o cabelo. Em alguns textos produzidos, ele passa a ser o destaque positivo, como em *"O cabelo virou um sucesso"*, ou *"Ela ficou famosa por causa do cabelo. Esse vai ser o 3º filme. Ela é modelo de cabelo, ganhou 10 concursos. 'A nova Rapunzel'"*.

Rapunzel africana: uma princesa negra, enfim... Nas produções das crianças, apareceram de modo significativo, na oralidade e na escrita, as relações entre a intertextualidade e o imaginário. Lelê foi descrita como "uma Rapunzel", uma princesa negra. Este não é um dado banal. Se ele pode indicar uma relação de associação pura e simples que se instituiu pelo cabelo – Rapunzel e Lelê têm cabelos compridos e eles são um elemento central para suas histórias –, também pode significar que a beleza e as características negras de uma personagem principal permitem alçá-la ao *status* de princesa, indicativo claro de uma ruptura nas significações constituídas no imaginário infantil sobre quem pode ou não ser bela, sobre quem pode ou não ser princesa.

Esse desfecho de princesa para a personagem principal aparece agregado a outros valores considerados indicativos de sucesso na contemporaneidade. Em alguns textos, Lelê se torna *"cantora de rock e bilionária"*; em outros, aparece como uma consumidora de alto padrão aquisitivo, indo ao *shopping*, às lojas com seus amigos, comprando vestidos, sapatos etc.

8.4 Epílogo em aberto

As obras *O cabelo de Lelê* e *O menino Nito* parecem poder ser situadas em uma perspectiva de representação positiva da identidade étnico-racial negra, uma vez que apresentam essa identidade de modo valorizado, central e protagonista. Nessas obras, as personagens negras aparecem resolvendo conflitos, pensando sobre suas existências e de posse da própria condução de seus destinos.

Sem um tom denuncista, fazendo uso de ilustrações diversificadas e de narrativas verbais instigantes, ambas se enquadram naquilo que Cosson e Martins denominam de "[...] afirmação da identidade negra a partir da valorização e positivação da imagem física (beleza) e intelectual (inteligência, protagonismo) [...]".[114]

Essa afirmação da identidade pela beleza é reiterada em *O menino Nito* pelo próprio nome da per-

114 Aracy A. Martins; Rildo Cosson. Representação e identidade: política e estética étnico-racial na literatura infantil e juvenil. In: Aparecida Paiva; Magda Soares (Orgs.). *Literatura infantil*: políticas e concepções. Belo Horizonte: Autêntica, 2008. p. 66.

sonagem principal: "Quando Nito nasceu, foi uma alegria só. Todo mundo ficou contente. De tão gracinha que era, logo, logo, começou a ser chamado de bonito: Bonito pra lá... Bonito pra cá... Até virar apenas Nito. Todo mundo achava lindo!!!".[115]

Essas histórias, com suas contradições e fissuras, emprestam novos contornos para a representação da pertença étnico-racial negra na literatura infantil brasileira contemporânea. Tal fato pode estar construindo as condições de possibilidade para uma educação étnico-racial diferenciada, plural, pela qual crianças de diferentes pertenças étnico-raciais passem a ver positivamente representadas as culturas e tradições dos diversificados grupos que compõem a sociedade brasileira e, por extensão, o alunado de nossas escolas públicas.

Se este dado bastará para a construção de relações étnico-raciais respeitosas não nos cabe aqui apontar. Todavia, demarcar esse movimento, ainda embrionário, assinala uma significativa mudança em comparação com outras pesquisas de décadas anteriores que indicavam a prevalência de modos depreciativos de representar a identidade do negro.

Reforçando a perspectiva constitutiva da representação, essas obras estão apresentando novas identidades negras: valorizadas, destacadas, centralizadas. Identidades que passarão a produzir outros efeitos, quem sabe, na autoestima de seus leitores crianças.

---

115 Sônia Rosa. *O menino Nito*: então, homem chora ou não? Ilustrações: Victor Tavares. Rio de Janeiro: Pallas, 2002. p. 3.

Obras infantis citadas

BELÉM, V. *O cabelo de Lelê*. São Paulo: Companhia Editora Nacional, 2007.
ROSA, S. *O menino Nito*: então, homem chora ou não? Ilustrações: Victor Tavares. Rio de Janeiro: Pallas, 2002.

Para aprofundar conhecimentos e práticas

Sugestão de discussão em espaços de formação de professores (reuniões, seminários de estudo etc.)

Discuta com seus colegas sobre o modo como pessoas negras são mostradas em peças publicitárias, fotos e textos jornalísticos.

Também discuta como as personagens negras são abordadas na literatura infantil: elas aparecem em grande número? Como são representadas nas imagens? Como se comportam? As narrativas valorizam essas personagens?

Escolha um livro que aborde o tema da negritude. Analise-o atentando para as dimensões discutidas neste artigo. Sugira que seus colegas exercitem este tipo de análise, para que, oportunamente, essas experiências sejam socializadas.

Sugestão de prática pedagógica

A partir da análise elaborada, crie atividades para trabalhar essas obras com seus alunos. Pode ser um jogo, uma produção escrita envolvendo as personagens em outra situação, com outros amigos, em outros lugares etc. Socialize as produções resultantes. Também é possível fazer um painel das produções de diferentes turmas, incluindo uma roda de conversa e/ou apresentações dos trabalhos.

Referências bibliográficas

BROOKSHAW, D. *Raça e cor na literatura brasileira*. Porto Alegre: Mercado Aberto, 1983.

COLOMER, T. *Siete Llaves para valorar las historias infantiles*. Madrid: Fundación Germán Sánchez Ripérez, 2005.

COSSON, R.; MARTINS, A. Representação e identidade: política e estética étnico-racial na literatura infantil e juvenil. In: PAIVA, A.; SOARES, M. (Orgs.). *Literatura Infantil*: políticas e concepções. Belo Horizonte: Autêntica, 2008.

DÓRIA, A. S. *O preconceito em foco*: análise de obras literárias infanto-juvenis – reflexões sobre história e cultura. São Paulo: Paulinas, 2008.

FONSECA, M. N. S. Visibilidade e ocultação da diferença: imagens de negro na cultura brasileira. In: FONSECA, M. N. S. (Org.). *Brasil afro-brasileiro*. Belo Horizonte: Autêntica, 2000.

KAERCHER, G. E. P. da S. *O mundo na caixa*: gênero e raça no Programa Nacional Biblioteca da Escola – 1999. Tese de Doutorado em Educação. Programa de Pós-Graduação em Educação DA Faculdade de Educação (Faced) da Universidade Federal do Rio Grande do Sul (UFRGS). Porto Alegre, 2006.

______. As representações do/a professor/a negro/a na literatura infantojuvenil ou sobre os fluxos das águas. IN: SILVEIRA, R. M. H. (Org.). *Professoras que as histórias nos contam*. Rio de Janeiro: DP&A, 2002.

KIRCHOF, E. R. O corpo deficiente e a literatura infantojuvenil contemporânea. In: Seminário Corpo, Gênero e Sexualidade: composições e desafios para a formação docente, 4, 2009, Rio Grande. *Anais*. Rio Grande: FURG, 2009.

SILVA, T. T. da. *Documentos de identidade*: uma introdução às teorias do currículo. Belo Horizonte: Autêntica, 1999.

9. Os povos indígenas na literatura infantil: o que nos contam as histórias e o que nos dizem as crianças?

A temática indígena tem sido, de uma forma ou de outra, incorporada à tradição literária brasileira desde os tempos coloniais. Os índios já foram narrados como tendo "bons rostos e bons narizes", marcados por seu tom de pele avermelhado, por andarem nus, "sem coberta alguma" e, inocentemente, não fazerem questão de "encobrir ou de mostrar suas vergonhas";[116] também foram descritos como povos sem fé, sem lei, sem rei, como "gente que nenhum conhecimento tem de Deus".[117] Alguns séculos depois, essas identidades foram reinventadas, especialmente por meio de representações ficcionais do indianismo romântico, que traçaram um perfil de índio conveniente para figurar como "raiz" da nação republicana que, então, surgia.

---

116 Pero Vaz de Caminha. In: Silvio Castro. *O descobrimento do Brasil*: a carta de Pero Vaz de Caminha. Porto Alegre: L&PM, 1985. p. 78.
117 Pe. Manoel da Nóbrega. *Diálogo sobre a conversão do gentio*. Rio de Janeiro: Ediouro, 1988. p. 99.

Inserções pontuais da figura indígena podem ser encontradas nas narrativas históricas e literárias brasileiras sem, contudo, essa figura expressar qualquer protagonismo. Pode-se dizer que nos anos finais do século XX ocorre uma virada conceitual – quando surge um arcabouço jurídico específico, respaldado na Constituição Federal de 1988, que constitui os índios como sujeitos de direito e reconhece "sua organização social, costumes, línguas, crenças e tradições, e os direitos originários sobre as terras que tradicionalmente ocupam, competindo à União demarcá-las, proteger e fazer respeitar todos os seus bens" (art. 231).

De lá para cá, o governo brasileiro tem ratificado e assumido, também, um conjunto de normas internacionais, tais como a Convenção 169 da Organização Internacional do Trabalho (OIT), no ano de 2002, e a Declaração das Nações Unidas sobre os Direitos dos Povos Indígenas, em 2007. Mais recentemente, a publicação da Lei nº 11.645/2008 (que estabelece a obrigatoriedade da inclusão, nos currículos dos ensinos fundamental e médio, públicos e privados, do estudo da história e da cultura afro-brasileira e indígena) acentuou a necessidade de abordagem da temática indígena nos livros didáticos, nos currículos, na literatura infantil e infantojuvenil etc. Acompanhando essa tendência, também cresceu, na academia, nos últimos quinze anos, o número de estudos (nas áreas da Sociologia, Antropologia, História, Educação, Saúde etc.) envolvendo múltiplos aspectos da vida indígena. Mas, paradoxalmente, pode-se também dizer que houve a manutenção do "apagamento", do abandono e da sensação generalizada de "incômodo" (na mídia, na escola, nas propostas governamentais etc.) quando o assunto diz respeito aos povos indígenas brasileiros – suas demandas, suas necessidades, suas lutas.

É dentro desse panorama que se apresenta este capítulo. Tem ele dois objetivos principais: apresentar um conjunto de análises – a partir do referencial teórico dos Estudos Culturais em Educação e dos acervos de dois projetos de pesquisa[118] – de obras que abordam explicitamente a temática indígena; também, apresentar os resultados de algumas atividades voltadas para verificar como crianças de anos iniciais de escolas gaúchas entendem e posicionam, social e culturalmente, as personagens indígenas da literatura. Assim, num primeiro momento, discutem-se algumas representações de índio produzidas e postas em circulação em uma série de instâncias culturais e na literatura, e, num segundo momento, analisam-se os resultados de algumas atividades desenvolvidas com os grupos de crianças.

No fim deste texto, são feitas algumas proposições (e provocações) aos professores, instando-os a pensar sobre as diferenças (e, neste caso, sobre os povos indígenas, posicionados como "diferentes").

118 Os acervos provêm dos seguintes projetos: o projeto "Narrativas, Diferenças e Infância Contemporânea", já abordado na Apresentação deste livro, e o projeto "Representações da vida indígena em produções culturais contemporâneas: a literatura em foco", coordenado por Iara Tatiana Bonin – ambos com financiamento do CNPq.

9.1 A temática indígena nos múltiplos espaços da cultura

Assume-se, neste texto, que uma variedade de locais e artefatos, na cultura, produz significados acerca dos índios e de seus modos de vida – a TV; o cinema; a internet; os jornais; as revistas; os brinquedos; os desenhos animados; as propagandas; os livros; os *videogames*; as exposições fotográficas; os museus; os livros didáticos de História e, em particular, a literatura infantil. Esse pressuposto está amparado pelo referencial teórico dos Estudos Culturais e, especialmente, pelo conceito de "pedagogia cultural".[119] Tais locais e artefatos vêm sendo, ao longo dos últimos anos, alvo de inúmeras análises (e destacaremos, a seguir, alguns estudos dedicados particularmente à temática indígena que se valem de uma teorização culturalista).

Kindel,[120] em sua tese de doutorado, analisou alguns desenhos animados da Disney, Dreamworks e Pixar dos anos 1990 – e, dentre esses, *Pocahontas* (1995). A autora mostra como os povos indígenas norte-americanos, no referido filme, são representados como profundamente conectados com a na-

---

119 Henry Giroux. Memória e pedagogia no maravilhoso mundo da Disney. In: Tomaz Tadeu da Silva (Org.). *Alienígenas na sala de aula*: uma introdução aos estudos culturais em Educação. Petrópolis: Vozes, 1995. Ver também, do mesmo autor, *Atos impuros*: a prática política dos Estudos Culturais. Porto Alegre: Artmed, 2003. De Shirley Steinberg, consultar Kindercultura: a construção da infância pelas grandes corporações. In: Luiz H. Silva; José C. Azevedo; Edmilson S. Santos (Orgs.). *Identidade social e a construção do conhecimento*. Porto Alegre: SMED/RS, 1997. Também de Shirley Steinberg e de Joe Kincheloe, ver *Cultura infantil*: a construção corporativa da infância. Rio de Janeiro: Civilização Brasileira, 2004.

120 Eunice A. I. Kindel. *A natureza no desenho animado ensinando sobre homem, mulher, raça, etnia e outras coisas mais*. Tese de Doutorado em Educação. Porto Alegre: Faced/UFRGS, 2003.

tureza e os ambientes naturais (e, também, como socialmente marginais).

Já Paes[121] volta-se para a análise histórica das representações de índio no cinema brasileiro – de *Macunaíma* (de 1969) aos filmes *Tainá, uma aventura na Amazônia* (2000) e *Tainá, a aventura continua* (2005). E, da mesma forma (mas dentro de outra perspectiva teórica), Silva[122] analisa como o índio é representado, especialmente, em dois filmes de longa-metragem brasileiros, *Brava gente brasileira* (2000) e *Caramuru, a invenção do Brasil* (2001), bem como em uma série de produções dos anos 1960, 1970, 1980 e 1990. Os resultados dessa investigação apontam para uma ampla gama de representações de índio: a) "indolente", "submisso" e "preguiçoso"; b) "movendo-se pela estética da vida, pelo princípio do prazer"; c) "bons selvagens, puros e incorruptíveis"; d) seres "em sintonia perfeita com a natureza, desprovidos da maldade europeia e heroicos por existirem"; e) indivíduos violentos, cruéis e assassinos (e, no limite, passíveis de punição, morte, extermínio etc.); f) seres desvinculados da civilização e, portanto, ligados à natureza (também considerada "selvagem"); g) e, nas produções fílmicas mais contemporâneas, como dotados de consciência ecológica – isto é, o índio é representado como intrinsecamente

121 Maria Helena R. Paes. O cinema nacional *ensinando* sobre o encontro entre índios e sujeitos ocidentais. In: *Anais do 4º Seminário Brasileiro e 1º Seminário Internacional de Estudos Culturais e Educação.* Canoas: Ulbra, 2011. p. 1-13.

122 Juliano G. da Silva. Entre o bom e o mau selvagem: ficção e alteridade no cinema brasileiro. *Espaço Ameríndio*, Porto Alegre, v. 1, n. 1, jul./dez. 2007. p. 195-210.

relacionado "à preservação da natureza e visando a uma sociedade ecologicamente mais justa"[123]. Já em termos de gênero, Silva, na mesma obra, aponta, ainda, que as personagens índias, nos filmes analisados, têm suas qualidades e atributos corporais ressaltados e, invariavelmente, são mostradas como "o destino gerador da prole do colonizador" ou, ainda, como "troféus" conquistados pelos "nobres" e "bravos" homens que levaram adiante o projeto colonial.

Na área das Ciências Sociais, o trabalho de Silveira e Gandra examina os discursos políticos (desde o período da ditadura militar) relacionados a lavradores e a povos indígenas, com o objetivo de "demonstrar algumas continuidades nos discursos veiculados (sobre e contra índios e lavradores) por fazendeiros, empresários e políticos identificados com o agronegócio".[124] Os resultados desse trabalho mostram uma percepção dos índios (e dos camponeses) como "estrangeiros" e "potenciais inimigos da Nação" e, também, a identificação de populações tradicionais com tudo o que é velho, do passado, decadente e arcaico, em oposição ao agronegócio (representado, invariavelmente, como moderno, novo).

No campo dos Estudos Culturais em Educação, já foram estudadas representações de índio produzidas por usuários do Orkut,[125] geralmente em tom jocoso e

---

123 Ibidem, p. 206.

124 Marcos César B. da Silveira; Edgar Ávila Gandra. Os outros da Nação: índios e camponeses no discurso ruralista. *Metis*, v. 8, n. 15, 2009, p. 122. Disponível em: http://www.ucs.br/etc/revistas/index.php/metis/article/view/730/534. Acesso em: 10 nov. 2011.

125 Em comunidades, fóruns e em outros espaços.

com o uso do humor,[126] bem como já foram analisados os múltiplos significados acerca dos povos indígenas atribuídos pela/na mídia.[127] Neste último trabalho, em especial, a autora aponta, com base em um conjunto de imagens e reportagens retiradas de jornais de grande circulação brasileiros, que costumamos estabelecer determinados lugares aos índios, isto é, costumamos posicionar "as culturas indígenas em desvantagem e os índios como sujeitos que devem adequar-se às nossas representações, e a viver de certas maneiras que elegemos para eles".[128] Nessa direção, por exemplo, pode-se afirmar que uma representação hegemônica (e culturalmente naturalizada) é a de que "lugar de índio é a floresta" e, segundo a autora, os índios que migram para os centros urbanos são vistos com certa desconfiança:

> tentamos cuspi-los, expulsá-los para fora dos limites "ordeiros" – para longe de nossos parques ecológicos, das cercas de nossas fazendas, das calçadas de nossas grandes avenidas, das beiras de nossas rodovias. A presença indígena em centros urbanos se torna visível como desordem, seja porque, para nós, eles estão "fora de lugar", eles nos colocam em risco, ou porque não correspondem às representações que produzimos e que são continuamente veiculadas em meios de comunicação, livros escolares, obras de arte, fotografias, publicidade.[129]

126 Iara T. Bonin; Daniela Ripoll. *Se tudo der errado... viro índio*: marcas da diferença em comunidades do Orkut. In: *Anais do IV Congreso de La CiberSociedad*, 2009. Disponível em: <http://www.cibersociedad.net/congres2009/es/coms/se-tudo-der-errado-viro-indio-marcas-da-diferensa-em-comunidades-do--orkut/1028>. Acesso em: 20 out. 2011.

127 Iara T. Bonin. Imagens indígenas contemporâneas: provocações sobre fronteiras de identidades. In: Maria Isabel E. Bujes; Iara T. Bonin (Orgs.). *Pedagogias sem fronteiras*. Canoas: Ulbra, 2010.

128 Ibidem, p. 68.

129 Ibidem, p. 82.

Em se tratando de análises empreendidas em materiais didáticos *per se*, pode-se afirmar que a temática indígena é neles representada de maneira fragmentada e pontual, vinculando-se particularmente a certos episódios históricos que constituem os discursos oficiais. Notadamente, nos livros didáticos de História, Oliveira[130] afirma que há menções isoladas aos povos indígenas apenas em determinados capítulos (como aqueles que tratam do "descobrimento" do Brasil, das Missões Jesuíticas e das Entradas e Bandeiras). Além disso, ainda de acordo com a autora, os povos indígenas, em geral, não são posicionados como protagonistas e, sim, como os "outros", aqueles que integram uma paisagem tida como selvagem e inóspita e que desafiam os colonizadores nas sagas empreendidas "em nome do progresso da nação".

O trabalho de Bonin e Gomes[131] também mostra que, nas páginas dos livros didáticos de Ensino Médio, haveria uma espécie de apagamento dos índios no que diz respeito aos períodos mais contemporâneos da História – fato que colabora para identificá-los com o passado, como pertencendo a culturas que existiram e desapareceram (ou são, atualmente, inexpressivas).

---

130 Teresinha Silva de Oliveira. Olhares que fazem a "diferença": o índio em livros didáticos e outros artefatos culturais. *Revista Brasileira de Educação*, n. 22, jan./abr. 2003, p. 25-34. Disponível em: http://www.anped.org.br/rbe22/anped-22-art03.pdf. Acesso em: 2 fev. 2012.

131 Iara T. Bonin; João Carlos A. Gomes. Representações eurocêntricas ensinando sobre gênero e etnia em livros didáticos de história — Ensino Médio. In: VII Seminário de Pesquisa em Educação da Região Sul. Itajaí: Univali, 2008, p. 1-13.

9.2 O que nos contam as histórias infantis sobre os índios?

Na área da Literatura, Bosi[132] afirma que, em diferentes tempos históricos, diversas tendências e escolas literárias constituíram as bases a partir das quais as personagens indígenas foram sendo representadas. Por décadas, segundo esse autor, as representações de índio ficaram como que "aderidas" ao Romantismo, tendência literária que reúne autores como Gonçalves Dias e José de Alencar (e vale ressaltar que dois clássicos, *Iracema* e *O Guarani*, escritos na segunda metade do século XIX, integram, ainda hoje, as listas de leituras escolares recomendadas em algumas instâncias). Mas Bastos, em análise das representações ficcionais do índio nas obras épicas *O Uraguai* e *O Caramuru*[133] – escritas no século XVII –, afirma que estas já traziam um repertório de imagens que seriam reaproveitadas pelos românticos cerca de um século depois: índios "guerreiros", "destemidos", "habilidosos na caça e na pesca", "em profunda sintonia com a natureza e com a exuberância das paisagens físicas" etc.

Alguns desses aspectos marcam as representações de índio até os dias atuais: a bravura e a coragem; a noção de espiritualidade vinculada à natureza e marcada, especialmente, pela contemplação dos fenômenos e seres (quase sempre antropomor-

132 Alfredo Bosi. *História concisa da literatura brasileira.* 42. ed. São Paulo: Cultrix, 2004.
133 Alcemeno Bastos. *O índio antes do indianismo.* Rio de Janeiro: 7 Letras-Faperj, 2011.

fizados); a noção de bondade natural e de simplicidade dos indígenas e a representação destes como seres harmoniosamente integrados à natureza.

Entretanto, é importante notar que, nas primeiras obras de literatura brasileira para crianças, não se encontra essa visão romântica e idílica dos índios, mas, sim, atributos geralmente depreciativos, conforme destacam Zilberman e Lajolo. As autoras afirmam que é entre 1945 e 1965 que a participação do índio nos livros infantis se torna mais significativa, embora ele esteja, quase sempre, "do lado errado, a não ser quando se civiliza, convertendo-se ao cristianismo e aliando-se aos brancos".[134]

Com relação ao conjunto dos livros analisados ao longo dos últimos anos pelos pesquisadores e pesquisadoras dos dois grupos anteriormente mencionados (num total aproximado de 250 títulos),[135] é possível agrupar as representações mais recorrentes de índio em, pelo menos, três tendências principais: a primeira estabelece uma vinculação do índio com o folclore – e aqui se destacam as obras que apresentam mitos, lendas e histórias indígenas recontadas de modo a integrá-las a uma totalidade que constituiria a tradição popular nacional. Vale destacar que, neste tipo de narrativa, certo teor celebratório pode ser sentido, orientado para afirmar a relevância de culturas tidas como primitivas e pouco complexas e para conduzir o leitor a um reconhecimento do que supostamente teríamos aprendido com os indígenas.

---

134 Regina Zilberman; Marisa Lajolo. *Um Brasil para crianças*: para conhecer a literatura infantil brasileira – histórias, autores e textos. São Paulo: Global, 1986. p. 131.
135 Ver nota 118.

A segunda tendência representacional produz e enaltece a íntima articulação entre índio e natureza. Nesse sentido, a maioria das histórias cujos protagonistas são índios situa-nos como habitantes da mata, zelosos e cuidadosos com os animais, capazes de "ler" os sinais da natureza, observadores atentos do meio em que vivem, bem como pouco racionais nas formas de explicar certos fenômenos.

Por fim, uma terceira tendência representacional parece ser a apresentação exaustiva de lições sobre a vida indígena. Assim, em muitas dessas obras se expressa um acentuado teor pedagógico e os ensinamentos visam a informar o leitor sobre certos aspectos do cotidiano, da língua, da etnia, da localização geográfica dos povos descritos nas narrativas. Nas produções literárias de autoria indígena, observa-se particularmente essa tendência, bem como um esforço em problematizar a imagem genérica de índio, de um lado, e em estabelecer outros cenários a partir dos quais as crianças poderiam vislumbrar o dinamismo das culturas indígenas, de outro. Ressalta-se que essas representações têm sido discutidas em artigos acadêmicos de publicação recente, elaborados por pesquisadores que integram os projetos de pesquisa anteriormente mencionados.[136]

---

136 Para uma visão mais detalhada a respeito do modo como essas tendências se expressam em um conjunto amplo de obras de literatura infantil contemporânea, ver Rosa M. H. Silveira e Iara T. Bonin. A abordagem das diferenças na literatura para crianças: estudo de um acervo para anos iniciais. *Anais do IX Jogo do Livro/III Fórum Ibero-americano de Letramentos e Aprendizagens.* Belo Horizonte, out. 2011. Ver, também, Iara T. Bonin; Daniela Ripoll. *Se tudo der errado... viro índio*: marcas da diferença em comunidades do Orkut, cit., e Gisele Massola. Caçadores de aventuras: meninos e meninas indígenas na literatura infantil contemporânea. *Anais Fazendo Gênero 9*: Diásporas, Diversidades, Deslocamentos. Florianópolis: UFSC, 2010, p. 1-10.

9.3 Notas sobre a obra *O menino e o jacaré*

O livro *O menino e o jacaré*, escrito e ilustrado por Maté e ambientado na vida indígena, é apresentado a seguir. Essa obra foi incorporada a uma atividade desenvolvida no Projeto que ensejou a produção do presente livro (que será apresentada em detalhes mais adiante).

O livro é apresentado, em paratexto[137] impresso nas páginas finais, como uma adaptação de um mito do povo Kayapó. Trata-se da história de Nuati, um menino travesso que costumava insultar um jacaré--açu, habitante de um rio que se situava nas proximidades da aldeia. O jacaré suporta os insultos do menino, mas, certo dia, engana-o com o tentador convite de passear pelo rio e chegar à outra margem. Assim, o conflito se estabelece quando o jacaré leva Nuati para o meio do rio e amedronta o menino, vingando-se. O protagonista consegue escapar utilizando-se da astúcia.

Esse aspecto remete à análise de D'Angelis sobre as narrativas de origem indígena presentes na cultura brasileira. Para o autor,[138] nelas as historietas de bichos se destacam e costumam ser engraçadas, e o desfecho é dado por uma solução inteligente e

137 Os paratextos têm constituído tópico recente de análise na literatura e podem ser entendidos como "todos os elementos do livro ou de fora do livro, mas que a ele se referem, e que não são o relato (...). Os paratextos são um conjunto irregular formado por práticas e discursos de todo o tipo, construídos tanto pelo autor do texto, como pelo editor e pelo crítico literário" (Gemma Lluch. Para uma selecção adequada do livro: das capas ao estilo da literatura comercial. In: Fernando Azevedo. *Língua materna e literatura infantil.* Porto: Lidel, 2006. p. 217-218).

138 Wilmar D'Angelis. *Contos indígenas.* Programa Salto para o Futuro. Conto e reconto: literatura e (re)criação. TV Brasil. 2006, p. 36-53. Disponível em: http://tvbrasil.org.br/fotos/salto/series/151433Contoreconto.pdf. Acesso em 2 fev. 2012.

engenhosa (a favor) do mais frágil, como uma forma de enaltecer o valor da inteligência e da reflexão contra a força bruta e as ações impulsivas.

Retomando a narrativa do livro, observa-se que o conflito narrativo se resolve quando Nuati consegue fugir do jacaré, mantendo-o ocupado até alcançar a ramagem de uma árvore e fugir para a floresta. Ele é ajudado por um pescador desconhecido no momento em que o jacaré fareja seu rastro e tenta recapturá-lo, sendo, então, escondido em um grande cesto de peixes. No desfecho, o pescador conduz Nuati de volta para sua aldeia e, tendo cumprido a tarefa, transforma-se em um "belo e grande pássaro socó" e regressa para a mata densa.

Em relação ao vínculo estabelecido entre índio e natureza, uma das tendências identificadas em obras que abordam a temática indígena, observa-se que a narrativa é ambientada na floresta e inicia-se assim: "Lá na aldeia do Pau-d'Arco, vivia um menino travesso chamado Nuati..." (p. 3).[139] A ilustração complementa o sentido, apresentando a aldeia encravada numa densa mata, entre árvores imponentes e o rio no qual se desenrola a trama.

Ao longo das páginas, o leitor vai encontrando outros vínculos entre índio e natureza: o menino fala com o jacaré (embora esse aspecto seja característico das narrativas míticas indígenas) e, ao ser inquirido pelo animal, responde com referência a

139 Maté. *O menino e o jacaré.* São Paulo: Brinque-Book, 2003. p. 3.

outros elementos da natureza, conforme se observa no excerto a seguir:

> – Agora, indiozinho, insulta-me, chama-me de "olhos inchados"!
> – Não – respondeu o menino. Seus olhos são bonitos, mais doces que os da jaguatirica!
> – Então chama-me de "braço curto"!
> – Não, você tem os braços compridos, mais que os do bicho preguiça![140]

O pescador que auxilia o protagonista é também indígena, mas essa informação é apresentada apenas na ilustração – na qual ele aparece nu, com adornos e pinturas corporais características e assemelhadas às do corpo do protagonista, portando um grande cesto no qual se pode ver imensa quantidade de peixes diferentes. Ele também é posicionado como habitante da mata, zeloso e cuidadoso com os animais, capaz de com eles se comunicar e de "ler" os sinais de perigo que se imprimiriam na floresta. Ao final da narrativa, "o misterioso pescador se transformou num belo e grande pássaro socó, o maior de todos. Bateu as asas e foi pescar em outro lugar, rio acima, onde não há indiozinhos atrevidos e nem jacarés rancorosos, somente uma água límpida e cheia de gostosos peixes".[141]

Ainda sobre a relação dos índios com a natureza destaca-se, em paratexto apresentado ao final da obra, que "os Kayapó vivem na Amazônia Brasi-

140 Ibidem, p. 7-8.
141 Ibidem, p. 18.

leira, na região do rio Xingu, entre florestas, rios e cerrados, em harmonia com a natureza, conhecendo cada planta e cada bicho, plantando e caçando só o necessário".[142] O mesmo paratexto segue enumerando uma infinidade de animais que vivem nas terras desse povo e são inseridos nas histórias que os Kayapó contam a seus filhos. Observa-se, por fim, que a vinculação entre índio e natureza se estabelece não apenas na narrativa ficcional, mas também nas informações complementares, que são respaldadas pelo discurso autorizado da Antropologia – pela voz de Curt Nimuendaju, renomado etnógrafo alemão que estudou detidamente os povos brasileiros entre 1906 e 1945.

Outra tendência representacional, já identificada na análise de diversas obras de literatura infantil com protagonistas indígenas, destaca-se também neste livro: trata-se da inserção de determinadas informações sobre a vida indígena que colaboram para ensinar ao leitor como são e como vivem os diferentes povos indígenas brasileiros. No livro em questão, essas informações são inseridas de modo especial nos paratextos. Assim, em texto introdutório a autora esclarece que utilizou o texto original do mito Kayapó "O menino e o Jacaré", e que seu objetivo, ao proceder a essa livre adaptação voltada ao público infantil, era "apontar a importância dos mitos indígenas para o imaginário brasileiro [...] e

142 Ibidem, p. 21.

desvendar para as crianças um pouco da riquíssima cultura dos índios Kayapó".[143]

Já nas páginas finais da obra, há um conjunto de pequenos textos nomeados como "Leitura Complementar". Um deles conta que a narrativa principal é uma livre adaptação de um mito Kayapó, e explica que um mito seria "uma história que fala de um tempo muito antigo e fantástico, quando os animais conversavam com os homens e os deuses andavam na terra".[144] Outros paratextos descrevem os Kayapó, explicando onde vivem; como se organizam; como se estruturam suas aldeias; como são suas relações com o meio ambiente; esclarecem alguns aspectos da arte plumária e corporal desse povo, destacando a singularidade de alguns grafismos e o significado das cores utilizadas nas pinturas corporais.

As imagens constantes nos paratextos exemplificam e ilustram algumas das informações apresentadas – por exemplo, na página em que se destaca a arte plumária e corporal desse povo indígena, uma minuciosa ilustração recria uma fotografia antiga, na qual se vê um menino Xikrin ornamentado para um ritual. O paratexto explica que a pintura corporal é feita com elementos diversos – casca de ovo moída para compor uma máscara azulada no rosto; penugens coladas ao corpo do menino, que simbolizariam sua vinculação com o urubu-rei (possivelmente, a ave que define o clã do menino); cocar de

143 Ibidem, p. 2.
144 Ibidem, p. 20.

penas de arara na cabeça. Ao fim da narrativa principal e na forma de um glossário são apresentados alguns vocábulos inseridos na narrativa que podem ser desconhecidos para as crianças (por exemplo, o termo *borduna*, definido como *grande porrete de madeira usado como arma pelos Kayapó*).

Pode-se dizer, portanto, que os paratextos não apenas situam a narrativa principal num contexto cultural específico, mas também oferecem ensinamentos específicos ao leitor.

Feita a apresentação do livro selecionado para a atividade realizada, consideramos oportuno descrevê-la, inicialmente informando que ela foi desenvolvida com alunos do quarto ano do Ensino Fundamental de duas escolas diferentes, uma em espaço urbano (identificada, nas transcrições a seguir, como Escola 1) e outra no espaço rural (identificada como Escola 2).

Duas pesquisadoras participaram desta atividade – uma delas realizou a leitura da obra e a apresentação das ilustrações e a outra se responsabilizou pela filmagem e pela condução da atividade posterior à leitura. Antes de iniciar-se a leitura propriamente dita, uma das pesquisadoras interagiu com as crianças, perguntando o que elas já conheciam sobre os índios. Para a *contação* da história, as crianças foram posicionadas em semicírculo, enquanto a pesquisadora lia o texto verbal e exibia as imagens de cada página, movendo o livro lentamente diante do grupo. Durante a leitura, as crianças interagiam com a pesquisadora, fazendo pequenos gracejos relativos à caracterização das personagens ou, ainda, tecendo comentários pontuais que estabeleciam a complementariedade entre texto verbal e imagético (por exemplo, em afirmações como *"olha ali, ele está escondido no fundo do cesto"* ou *"o pescador também é índio"* etc.).

Concluída a leitura, as crianças foram convidadas a criar uma história, inspirando-se na narrativa lida pela pesquisadora. Formaram-se pequenos grupos (com quatro integrantes cada), e cada um recebeu seis fotografias previamente selecionadas – um menino indígena, uma menina indígena, um menino negro, uma menina negra, um menino loiro, uma menina loira – e cinco figuras de lugares, retiradas de revistas de grande circulação – uma praia, uma grande cidade, uma escola, uma cachoeira e uma floresta. Esta foi a proposta da atividade apresentada às crianças em uma folha de papel:

(Espaço para título)

Um dia Nuati saiu de sua aldeia e foi visitar ....
....

Ele estava com dois amigos: ....
e...

Quando eles estavam passeando, aconteceu uma coisa diferente: ....

No final dessa história, ...
....

A referida folha apresentava um espaço pautado para que os grupos escrevessem o texto verbal (e lhe atribuíssem um título) e outro em branco, para que ilustrassem a narrativa, se assim o desejassem. Os grupos foram orientados a escolher as imagens, montar uma história e, em seguida, apresentá-la para a turma, utilizando as ilustrações.

Ao propor essa atividade, nossos objetivos eram, entre outros, avaliar o desenvolvimento da competência narrativa das crianças: observar a partir de que critérios elas definiriam os dois amigos de Nuati e verificar onde as crianças localizariam a história criada – ou seja, onde o protagonista e seus amigos iriam passear. No espaço destinado às ilustrações, pretendia-se observar como as crianças caracterizariam as personagens e se lançariam mão de marcas estereotipadas ao desenhar o protagonista da história.

9.4 O que nos contam as crianças sobre os índios?

Apresentamos, a seguir, um destaque da conversa inicial[145] realizada com as crianças de uma das escolas, para marcar alguns pequenos deslocamentos nas representações de índios, ocasionadas pela

145 Relembramos que está sendo usada a letra P maiúscula para identificar a fala das pesquisadoras ou pesquisador e C, a das crianças. Números diferenciados marcam diferentes falantes. Também é utilizado o itálico nestas transcrições, para as diferenciar das demais citações.

presença destes na escola, em uma atividade relativa ao dia 19 de abril:

> **P1:** *Vocês já ouviram falar de índios?*
> **C1:** *Sim, eles até já vieram aqui na escola...*
> **C2:** *Eles vieram apresentar a música deles, eles cantaram numa língua que a gente não entende...*
> **P1:** *E falavam nessa língua, também?*
> **C2:** *Não, eles falavam em português. Mas cantaram engraçado, e ensinaram pra nós a música.*
> **P1:** *Ensinaram? E vocês ainda sabem cantar?*
> Crianças em coro: *Sim...*
> [...]
> **P1:** *Tá, mas foi só nesse dia que vocês ouviram sobre os índios?*
> **C3:** *Não, outro dia a gente foi no museu deles...*
> **C2:** *Na feira, eles estão sempre vendendo coisas lá.*
> **C1:** *Sôra, outro dia eu dia fui na feira e estava cheio de índios lá, eles falam em uma língua que a gente não entende nada. Mas aí eles falam em português pra gente entender também.*
> (Escola 1)

Nas narrativas das crianças desta escola, situada na cidade de São Leopoldo/RS, observa-se que o referente "índios" não suscitou uma vinculação com os livros didáticos ou, ainda, com a literatura, por exemplo, e sim com experiências concretas de encontro e de interação com estes (que tiveram lugar na própria escola e também na feira da cidade).

Examinando as falas das crianças, percebe-se que os índios são descritos como *"engraçados"* (uma possível referência à diferença) porque cantaram uma música em uma língua que *"não se entende"*. Nesta afirmação, os índios são tomados como "os outros" (apesar de falarem a mesma língua que as crianças e de lhes terem ensinado uma música) e, também, como um grupamento humano aparentemente homogêneo – principalmente, quando as crianças mencionam que *"eles vieram apresentar a* ***música deles****"* e possuem um "***museu deles***" (grifo das autoras). Assim, apesar da relativa familiaridade (e proximidade em termos geográficos), percebe-se nas falas haver certo distanciamento entre as crianças e os índios (eles visitam a escola, mas não a frequentam; têm um museu; cantam *engraçado*; ou seja, aparentemente, não pertencem aos mesmos espaços sociais que as crianças, nem neles circulam).

A experiência direta das crianças com um grupo indígena possibilitou uma reconfiguração da representação usual de que os índios seriam aqueles que "vivem na mata", longe dos centros urbanos, portanto. Essa proximidade possibilitou também que estes fossem, até, nomeados por suas etnias específicas, conforme se observa a seguir:

> **C4:** *Eles estavam* [na feira] *vendendo coisas, eu comprei um colar pra minha mãe.*
> **P1:** *Tá, mas de onde eram esses índios?*
> **C1:** *Daqui mesmo, sôra. Eles moram na Feitoria* [bairro de São Leopoldo].
> **P1:** *E eles são índios* [aspas marcadas por um gesto feito com as mãos, pela pesquisadora], *ou eles têm um nome, assim, só deles?*
> **C1:** *Eles são Kaingang.*
> **P1:** *Kaingang, é?*

C1: *É, e tem também os... como é mesmo?*
C4: *Guarani, mas eles não moram aqui, sôra.*
[...]
C2: *Quando eu era mais pequena tinha índios ali no viaduto. Sabe, ali...* [indica a direção com o dedo] *onde tem a rodoviária? Eles moravam ali, só que não tinha água. Eles moravam numas cabaninhas e a gente via uns baldinhos pendurados, acho que era pra pegar água da chuva.*
P1: *E onde eles estão agora?*
C2: *Lá na Feitoria.*

As perguntas formuladas pela pesquisadora partiam do pressuposto de que as crianças associariam os povos indígenas à floresta (conforme ocorrera em outras escolas e seguindo uma representação recorrente em muitos artefatos e instâncias culturais, como vimos anteriormente). Mas é interessante notar que os índios foram descritos pelas crianças como moradores de um bairro próximo à escola e, também, como residentes (marginais, precários e pobres) das cidades, habitando viadutos perto de rodoviárias, vivendo em "cabaninhas" sem infraestrutura adequada (sem água, particularmente), vendendo coisas em feiras etc. E, no diálogo realizado previamente ao trabalho com o livro, estabelecido entre as crianças e as pesquisadoras, observou-se que havia também outras fontes de informação acionadas pelas crianças, a partir das quais são atribuídos outros significados aos índios e à presença indígena nas cidades:

C5: *Eu vi na televisão, outro dia, que os índios estavam bravos... estavam bravos porque as pessoas não deixaram a terra para eles.*
P1: *É mesmo? E onde era isso?*
C5: *Não sei, mas passou outro dia na TV.*
[...]
C6: *Sôra, tu já viu o filme "Tainá"?*
P1: *Vi sim, e tu?*
C6: *Vi, era a história de uma menina índia que gostava de cuidar dos bichinhos, ela não deixou fazer mal pra eles.*
P2: *Quem mais viu esse filme?*
[as crianças levantaram a mão]
P2: *Um, dois, três... oito crianças, ok, e vocês gostaram?* [crianças respondem "sim" em coro].

As referências à mídia (TV, cinema) nos fazem lembrar que, sob a perspectiva dos Estudos Culturais e dos Estudos de Mídia, esta também constitui, faz circular e, assim, ensina quem são e como são os povos indígenas, o que ficou evidente na conversa entabulada. Uma das referências diz respeito a um acontecimento cotidiano – os índios lutando para assegurar a demarcação de suas terras; outra alude a uma narrativa ficcional endereçada ao público infantil.

Nas histórias criadas pelas crianças após a leitura da obra, os protagonistas foram posicionados em distintos cenários – floresta, praia, escola e centro urbano. Um primeiro aspecto a destacar, das histórias criadas pelas crianças, é a referência à natureza, feita com base em determinadas ações das personagens: pescar no rio, ir para a praia, cair na água, sair correndo e perder-se na mata etc. Três dos cinco grupos fizeram referência a graves questões sociais (poluição no rio dos Sinos[146], massacre de índios por caçadores, expulsão dos índios de São Leopoldo) e, com exceção de um grupo (que centrou as ações de todas as personagens na cidade), todos usaram imagens de mata ou floresta nas narrativas.

Chama-nos a atenção uma das histórias contadas, com o título *A história de Mauro, Nuati e Luana*, que começa da seguinte forma:

> *Um dia, Nuati, Mauro e Luana foram pescar no rio dos Sinos... Eles não encontraram nada porque o rio está poluído e aí, depois, foram trabalhar e foram dormir. E, no final da história, eles voltam embora pra casa deles e o Nuati resolveu ir morar de novo na floresta.* (História 1, Escola 1)

Apesar de curta e um tanto quanto simples, a história narrada pelas crianças marca a volta da personagem indígena para a floresta e, portanto, certo desencanto com o mundo urbano (a poluição do rio dos Sinos). Já outra história mostra a aldeia, a praia e a mata como locais muito próximos entre si – e muito distantes "de casa":

> *Um dia Nuati saiu de sua aldeia e foi visitar a praia. Ele estava com dois amigos: Diego e Diones. Daí aconteceu uma coisa diferente. Diego caiu na água e Nuati e Diones correram lá e socorreram ele. Diego saiu correndo e chorando, e se perdeu na mata. Os dois amigos foram*

146 A bacia hidrográfica do rio dos Sinos tem uma área de 3.820 km² e abrange 32 municípios gaúchos (incluindo a Grande Porto Alegre).

procurar e lá na mata eles encontraram muitos bichos, tipo cobra, leão, onça, jaguatirica. Eles procuraram o Diego, mas não acharam, e então foram correndo pra casa de Diego e contaram tudo para os pais dele. A mãe dele saiu correndo pra mata e ficou chamando o Diego. No final, eles encontraram ele e viveram felizes para sempre. (História 2, Escola 1)

Nota-se, também, na História 2, a construção, por parte das crianças, de um ambiente que contém bichos em profusão (muito semelhante ao que foi verificado no paratexto do livro trabalhado e em inúmeros outros que abordam a temática indígena).

Já a História 3, a seguir, situa-se na Amazônia e os protagonistas estão a passeio (foram visitar a floresta e, portanto, não seriam habitantes daquele lugar):

> *Nuati tinha dois amigos: Zigue e Tibi. Um dia eles foram visitar a Amazônia, eles foram roubados, mas eles acharam o ladrão depois, e deram uma tunda de laço no ladrão. Depois eles voltaram para a aldeia e, chegando lá, tinha acontecido uma guerra e estavam todos mortos, menos as crianças. Os caçadores tinham ido lá matar os índios. Aí eles ficaram com as crianças e ensinaram elas a se defender e a lutar. No final dessa história os caçadores fugiram.* (História 3, Escola 1)

Nesta narrativa, há um contexto de conflito explicitado – uma guerra que dizimou uma aldeia indígena, provocada por caçadores. Vale ressaltar que esta história foi produzida na mesma escola em que as crianças fizeram referência a acontecimentos recentes e conflitos envolvendo os índios, noticiados pela mídia.

Outro grupo de crianças também incorporou informações atuais em sua narrativa, como se pode observar a seguir:

> *Era uma vez os índios. Quando eles estavam passeando aconteceu uma coisa muito estranha, era uma coisa que estava acontecendo na cidade, todos os terrestres estavam expulsando os índios de São Leopoldo e então os índios foram pra Feitoria. No fim dessa história eles foram morar num lugar mais legal.* (História 4, Escola 1)

Essa narrativa nos conduz a um último aspecto que gostaríamos de destacar: o deslocamento dos protagonistas para cenários urbanos, observado em algumas das histórias criadas pelas crianças. Apresentam-se, a seguir, três outros exemplos:

> *Um dia Nuati saiu de sua aldeia e foi visitar São Paulo. Ele estava com dois amigos: Helena e Tiatu. (...) Tiatu queria ir a São Paulo, mas era bem longe, muito longe, mas chegou um ônibus e o Tiatu, o Nuati e a Helena foram junto pra São Paulo.* (História 1, Escola 2)

> *Um dia Nuati saiu de sua aldeia e foi visitar a praia. Ele estava com dois amigos: Tiago e Vaumir. Um dia apareceu na praia um jacaré. Nuati estava na água e ficaram em perigo. E o jacaré reagiu ligeiro e tentou morder. Nuati subiu na árvore, no alto. O jacaré deu com o rabo na árvore. O jacaré ficou tanto tempo esperando que não aguentou e foi embora. Então eles desceram e fugiram.* (História 2, Escola 2)

> *Um dia Nuati saiu de sua aldeia e foi visitar a cidade. Nuati e o Felipe e o Roger foram a Las Vegas e conheceram a cidade e compraram doces e foram depois para outros lugares. E o Nuati trouxe presente para um monte de amigos, depois na barraca dele todo mundo ficou brincando de a-do-le-tá e pega-pega e esconde--esconde...* (História 3, Escola 2)

Nas histórias apresentadas, alguns aspectos chamam a atenção: em duas delas, os enredos se desenrolam em cenários familiares (a praia, a cidade) e outras duas apresentam contextos urbanos distantes (São Paulo, Las Vegas) que, possivelmente, se ligassem à noção de "ir visitar" ou, ainda, "viajar". Em uma das histórias ocorre uma mescla entre o enredo do passeio criado pelo grupo e o da história lida – aparece um jacaré, tenta morder as personagens, que sobem em uma árvore e se mostram mais espertas que o animal, vencendo-o pela astúcia.

Há, em uma das histórias, referência a brincadeiras infantis – *a-do-le-tá, pega-pega e esconde-esconde* – e esse aspecto se apresenta em outras histórias produzidas por crianças das duas escolas: "*ele estava com dois amigos: Tiago e Douglas*"; "*Nuati e eles foram brincar numa cabana assombrada e olhar filmes de terror*" (História 4, Escola 2); "*cansaram de tomar banho e brincaram até ficar escuro e a mãe chamar eles*" (História 5, Escola 1); "*Nuati chamou dois amigos pra brincar de pula-corda*" (História 6, Escola 1); "*Nuati e Lucas brigaram e Lucas bateu na cara dele e ele ficou com o olho roxo e ele disse: vou dar na tua cabeça com um coco"* (História 7, Escola 1).

Entre brincadeiras e desentendimentos, o que parece se explicitar, aqui, é a caracterização das personagens como crianças e, independentemente de serem indígenas ou não, terem uma ação marcada por práticas que seriam infantis e cuja pertença ou não ao cotidiano e ao conhecimento dos diferentes grupos étnicos não é questionada.

9.5 Palavras finais

Para finalizar esta análise, destaca-se que as crianças situaram os índios em espaços múltiplos, oscilando entre o contexto supostamente "natural" para a vida indígena e o urbano. Se, por um lado, nas conversas que antecederam a leitura da história, se constata certo distanciamento entre o mundo da criança e o dos indígenas – marcado pelas expressões "*música deles, língua deles, museu deles...*" –, nas histórias criadas pelas crianças posteriormente à exploração do livro, o protagonista, Nuati, assemelha-se a tantas outras crianças, interessa-se por visitar espaços diversificados, relaciona-se com amigos que, na maioria dos casos, não foram escolhidos por serem também indígenas. Vale ressaltar que, das seis fotografias apresentadas para cada grupo (menino negro, branco, indígena e menina negra, branca, indígena), houve quase unanimidade na escolha do menino indígena como um dos amigos (como se houvesse uma lógica natural de proximidade entre meninos indígenas), mas o outro variava entre o menino branco (60% dos casos), a menina negra (20% dos casos), a menina branca (10% dos casos) e o menino negro (10% dos casos).

Na caracterização das personagens desenhadas pelas crianças, em apenas um caso havia marcas estereotipadas que indicavam se tratar de índios – pena na cabeça, brincos, tangas. Observa-se, no caso, o uso de certos atributos que, de modo naturalizado, aprendemos a pensar como sendo "próprios" dos índios. Em dois outros trabalhos verifica-se a presença de moradias desenhadas ao estilo de ocas, sem figuras humanas na ilustração. Ressalta-se, no entanto, que na maioria dos desenhos foram retratadas figuras humanas marcadas apenas pela regularidade de um sorriso que denota alegria e prazer.

Finalizamos este texto com um argumento de Silveira, que nos lembra que todos nós vivemos em um ambiente discursivo e, nele, vamos aprendendo a posicionar a nós mesmos e aos outros, por meio das histórias que nos são contadas e que aprendemos a contar, das imagens da mídia, da publicidade e das experiências cotidianas. O modo como organizamos essas imagens e lhes atribuímos certas significações é variável e, por isso mesmo, pensar sobre esses processos pode ser profundamente instigante e produtivo.[147]

147 Rosa M. H. Silveira. Textos e diferenças. *Leitura em revista*. v. 1, n. 1, p. 19-22. Ijuí: Unijuí, 2002.

Obra infantil citada

MATÉ. *O menino e o jacaré*. Ilustrações: Maté. São Paulo: Brinque-Book, 2003.

Para aprofundar conhecimentos e práticas

Sugestões de práticas pedagógicas

Localize, na biblioteca de sua escola, livros que apresentam personagens indígenas. Observe se as obras têm paratextos (apresentados antes e depois da narrativa principal) e verifique que informações sobre povos indígenas eles contêm. Peça a seus alunos que façam uma lista dos nomes dos povos indígenas que são apresentados nas obras e, depois, solicite-lhes que procurem na internet, se for possível, informações mais detalhadas sobre eles. Favoreça a troca de tais informações em sala de aula.

Escolha um livro de literatura infantil com personagens indígenas, leia a história com seus alunos e observe como a vida indígena está sendo apresentada. Solicite que eles criem outras histórias com base na narrativa escolhida, individualmente ou em pequenos grupos. Eles podem utilizar a mesma personagem ou introduzir outras, como eles mesmos, alunos, por exemplo. Também poderão propor outro ambiente ou outra situação (urbana ou não). Em seguida, convide-os a compartilhar essas narrativas e a comentá-las.

Sugestão de reflexão e análise individual ou em grupo

No livro de literatura escolhido, preste atenção ao modo como são descritas as personagens indígenas no texto verbal e nas ilustrações, bem como ao espaço no qual o

enredo é desenvolvido (floresta, cidade, praia, rio etc.). Pense nas formas pelas quais o autor e o ilustrador caracterizam os protagonistas como indígenas, quais os traços marcados em seu corpo, que ações lhes são atribuídas. Identifique e reflita sobre alguns aspectos que, na história narrada, permitem pensar as culturas indígenas em seu dinamismo, considerando as transformações que ocorrem em suas formas de vida atuais. Aproveite para pesquisar quais os povos indígenas que vivem em seu estado e/ou em sua cidade (quando for o caso). Para começar, visite os seguintes sites, *que trazem informações atualizadas sobre o tema: www.socioambiental.org/prg/pib.shtm e www.cimi.org.br.*

Referências bibliográficas

BASTOS, A. *O índio antes do indianismo*. Rio de Janeiro: 7 Letras/Faperj, 2011.

BONIN, I. T. Com quais palavras se narra a literatura infantil e infantojuvenil que chega às escolas. In: SILVEIRA, R. M. H. (Org.). *Estudos Culturais para professor@s*. Canoas: Ulbra, 2008.

______. Imagens indígenas contemporâneas: provocações sobre fronteiras de identidades. In: BUJES, M. I. E; BONIN, I. T. (Orgs.). *Pedagogias sem fronteiras*. Canoas: Ulbra, 2010.

BONIN, I. T.; GOMES, J. C. A. Representações eurocêntricas ensinando sobre gênero e etnia em livros didáticos de história – Ensino Médio. In: VII Seminário de Pesquisa em Educação da Região Sul. Itajaí: Univali, 2008.

BONIN, I. T.; RIPOLL, D. Se tudo der errado... viro índio: marcas da diferença em comunidades do Orkut. In: *Anais do IV Congreso de la CiberSociedad*, 2009. Disponível em: http://www.cibersociedad.net/

congres2009/es/coms/se-tudo-der-errado-viro-indio-marcas-da-diferensa-em-comunidades-do-orkut/1028/. Acesso em: 20 out. 2011.

______. Índios e natureza na literatura para crianças. *Revista Teoria e Prática da Educação (UEM)*, v. 14, n. 1, jan./abr. 2011. Disponível em: http://www.dtp.uem.br/rtpe/volumes/v14n1/sumario.htm>. Acesso em: 2 fev. 2012.

BOSI, A. *História concisa da literatura brasileira*. 42. ed. São Paulo: Cultrix, 2004.

CAMINHA, P. V. de. Carta. In: CASTRO, S. *O descobrimento do Brasil*: a carta de Pero Vaz de Caminha. Porto Alegre: L&PM, 1985.

D'ANGELIS, W. *Contos Indígenas. Programa Salto para o Futuro. Conto e reconto: literatura e (re) criação* – TV Brasil, 2006. Disponível em: <http://tvbrasil.org.br/fotos/salto/series/151433Contoreconto.pdf>. Acesso em: 2 fev. 2012.

GIROUX, H. Memória e pedagogia no maravilhoso mundo da Disney. In: SILVA, T. T. da (Org.). *Alienígenas na sala de aula*: uma introdução aos estudos culturais em educação. Petrópolis: Vozes, 1995.

______. *Atos impuros*. A prática política dos Estudos Culturais. Porto Alegre: Artmed, 2003.

KINDEL, E. A. I. *A natureza no desenho animado ensinando sobre homem, mulher, raça, etnia e outras coisas mais*. Tese de Doutorado em Educação. Programa de Pós-Graduação em Educação da Faculdade de Educação (Faced) da Universidade Federal do Rio Grande do Sul (UFRGS). Porto Alegre, 2003.

LLUCH, G. Para uma selecção adequada do livro: das capas ao estilo da literatura comercial. In: AZEVEDO, F. *Língua materna e literatura infantil*. Porto: Lidel, 2006.

MASSOLA, G. Caçadores de aventuras: meninos e meninas indígenas na literatura infantil contemporânea. *Anais Fazendo Gênero 9*: Diásporas, Diversidades, Deslocamentos. Florianópolis: UFSC, 2010.

NÓBREGA, Pe. M. da. *Diálogo sobre a conversão do gentio*. Rio de Janeiro: Ediouro, 1988.

OLIVEIRA, T. S. de. Olhares que fazem a "diferença": o índio em livros didáticos e outros artefatos culturais. *Revista Brasileira de Educação*, n. 22, jan./abr. 2003. Disponível em: <http://www.anped.org.br/rbe22/anped-22-art03.pdf>. Acesso em: 2 fev. 2012.

PAES, M. H. R. O cinema nacional *ensinando* sobre o encontro entre índios e sujeitos ocidentais. In: *Anais do 4º Seminário Brasileiro e 1º Seminário Internacional de Estudos Culturais e Educação*. Canoas: Ulbra, 2011.

SILVA, J. G. da. Entre o bom e o mau selvagem: ficção e alteridade no cinema brasileiro. *Espaço Ameríndio*, v. 1, n. 1, jul./dez., Porto Alegre, 2007.

SILVEIRA, M. C. B. da; GANDRA, E. A. Os outros da Nação: índios e camponeses no discurso ruralista. *Metis*, v. 8, n. 15, 2009. Disponível em: <http://www.ucs.br/etc/revistas/index.php/metis/article/view/730/534>. Acesso em: 10 nov. 2011.

SILVEIRA, R. M. H. Textos e diferenças. *Leitura em revista*. v.1, n. 1. Ijuí: Unijuí, 2002.

______.; BONIN, I. T. A abordagem das diferenças na literatura para crianças: estudo de um acervo para anos iniciais. *Anais do IX Jogo do Livro/III Fórum Ibero-americano de Letramentos e Aprendizagens*. Belo Horizonte, out. 2011.

STEINBERG, S. Kindercultura: a construção da infância pelas grandes corporações. In: SILVA, L. H.; AZEVEDO, J. C.; SANTOS, E. S. (Orgs.). *Identidade social e a construção do conhecimento*. Porto Alegre: SMED, 1997.

STEINBERG, S.; KINCHELOE, J. *Cultura infantil*: a construção corporativa da infância. Rio de Janeiro: Civilização Brasileira, 2004.

ZILBERMAN, R.; LAJOLO, M. *Um Brasil para crianças*: para conhecer a literatura infantil brasileira – histórias, autores e textos. São Paulo: Global, 1986.

10. Um olhar sobre a velhice na literatura infantil contemporânea

Narrar implica relembrar, organizar para dar a conhecer, contar. Em alguma medida, ao desejarmos narrar sobre velhos, estamos conjugando esses verbos, colocando cada um deles em movimento. Movimento vivo de dor, de alegria, de vivências pessoais, que nos remete – como autores imbricados nesta temática, por nossas trajetórias de vida e nossos interesses teóricos – a uma busca por entendimento, por aprendizagens acerca do ser velho: dos limites, das possibilidades de ser/viver esse tempo de existência, tão marcado/associado a questões como finitude, morte, doença/dependência, menosprezo, ridicularização de atitudes e comportamentos, ao menos em alguns contextos da sociedade. E é nessa mesma sociedade que também proliferam, na última década, novos modos de inclusão e convívio do velho, bem como novos mecanismos de controle e estímulo da autonomia e exercício da autorregulação (cuidados com o corpo, saúde, segurança, gestão financeira etc.).[148]

---

148 Guita Grin Debert. *A reinvenção da velhice*: socialização e processos de reprivatização do envelhecimento. São Paulo: Edusp/Fapesp, 1999.

Essas aprendizagens sinalizam também a emergência de representações plurais da velhice, apontando para uma possível reinvenção da mesma.

É na articulação entre o interesse por compreender a pluralidade da velhice e verificar o que sobre ela se "ensina", na literatura disponível para leitores infantis brasileiros, que se situa este texto. Para tanto, realizamos uma análise cultural de vinte obras de autores brasileiros ou traduzidas, que circulam contemporaneamente em livrarias e bibliotecas, selecionadas no acervo do Projeto. Foram elas escritas por dezenove diferentes autores e publicadas por dezesseis editoras, a partir de 1995, a grande maioria na década de 2000.

O tipo de análise escolhido se insere em uma perspectiva teórico-metodológica preocupada com o modo pelo qual a cultura se articula com a linguagem, o poder e o conhecimento, procurando "investir na perspectiva da complexidade, da multiplicidade, ou seja, nas condições histórico-sociais em que as coisas se constituíram [...]. Incita a trabalhar com os deslizamentos, com as fissuras das evidências e recorrências [...]".[149]

Compreendemos aqui a velhice como um marcador identitário que posiciona os sujeitos velhos de um determinado modo, significando-os como o "outro", em oposição ao jovem/adulto. De acordo com esse entendimento, as identidades de velhos e de velhas seriam "não um conjunto de qualidades predeterminadas [...] mas uma construção nun-

149 Maria Isabel H. Dalla Zen. "*Foi num dia ensolarado que tudo aconteceu*": práticas culturais em narrativas escolares. 2006. Tese de Doutorado em Educação. Programa de Pós-Graduação em Educação da Faculdade de Educação (Faced) da Universidade Federal do Rio Grande do Sul (UFRGS). Porto Alegre, 2006. p. 27.

ca acabada, aberta à temporalidade, à contingência, uma posicionalidade relacional só temporariamente fixada no jogo das diferenças".[150]

10.1 Literatura infantil, diferença e velhice

Neste estudo, os livros infantis são tomados como artefatos que veiculam representações de velhice, isto é, modos de apresentação da mesma, e vão ensinando aos leitores significações sobre o ser velho/velha. Há, portanto, um caráter pedagógico nesses textos que não se restringe às narrativas verbais e às imagens, simplesmente, mas se expande para os paratextos: guias de leitura (para pais e professores), com explicações técnicas, cartas direcionadas aos leitores (assinadas por especialistas) etc., instituindo didáticas e discursos autorizados sobre a velhice. Não qualquer velhice. Mas uma velhice supostamente assistida, isto é: de maneira geral, as personagens velhas representam uma classe social bem situada economicamente.

Em *Minha avó tem Alzheimer*, a exemplo de outras obras que tematizam as doenças frequentemente associadas à velhice, temos uma narrativa que ensina sobre a doença: no final do livro há um paratexto informativo, assinado por um médico, retomando características e implicações da referida

150 Leonor Arfuch (Org.). *Identidades, sujetos y subjetividades*. Buenos Aires: Trama Editorial, 2002. p. 20.

moléstia. Leia um excerto ilustrativo dessa didática: "Como qualquer outra parte do corpo, às vezes o cérebro pode ficar doente. Quando a doença do cérebro deixa a gente sem memória, em confusão, com dificuldade para falar e fazer coisas simples, como se vestir ou andar, isso é chamado de demência".

Embora essas obras, às vezes, tenham traços inovadores em relação a personagens velhos, com suas ilustrações diferenciadas, traços de linguagem atualizados, perfis narrativos jovializados, elas não fogem ao *status* inicial de formação da literatura infantil, ou seja, continuam com acentuado tom educativo. Ao fazê-lo, demarcam o velho como diferente, evocando noções de tolerância e aceitação que não problematizam a centralidade da identidade jovem.

Ao contrário, aqui buscamos discutir a diferença como um marco a partir do qual a identidade pode ser circunscrita em uma relação de complementaridade (e não de oposição). Assim, a velhice não está pensada como um antônimo da juventude, mas como uma etapa singular, com seus desdobramentos em função de circunstâncias específicas que a condicionam de modos diversos.

10.2 Finitude, vida e morte: sentidos reiterados da velhice

Vários livros do conjunto analisado reafirmam a velhice como um tempo de finitude e decréscimo em múltiplas dimensões: das habilidades, da memória, da autonomia. Tal como observamos nos excertos abaixo, a velhice ainda continua sendo tratada e frisada como uma etapa de decadência física e de perdas com fortes efeitos.

> Ela [vovó] esquece, por exemplo, como se faz café. Fica parada diante da cafeteira sem saber onde deve colocar a água. (*Minha avó tem Alzheimer*)
>
> As enfermeiras cuidam dela, pois ela não consegue mais comer sozinha, nem tomar banho, nem andar, nem fazer bolos de chocolate com montes de creme. (*Vovó tem Alzha... o quê?*)
>
> Então, Guilherme Augusto voltou para casa, para procurar memórias para dona Antônia, já que ela havia perdido as suas. (*Guilherme Augusto Araújo Fernandes*)

Em algumas obras, a senilidade é associada à demência. Além da dimensão da perda já mencionada, acentuam-se traços como o esquecimento e a confusão no que se refere a comportamentos.

> Naquela noite ela colocou seus sapatos na geladeira, perdeu-se dentro de casa e não achava mais sua cama. (*Vovó tem Alzha... o quê?*)
>
> Às vezes esquecia de tirar a casca das amêndoas, ou derretia o chocolate porque esquecia de desligar a estufa [...] (*Assim era meu avô*)

A morte aparece, nessas histórias, como um sentido recorrentemente associado à velhice, ainda que se busque apresentá-la natural e metaforicamente: vida e morte fazendo parte de um mesmo ciclo, onde a última é o final já sabido desse ciclo de existência. A morte, por vezes, não é apresentada nem de forma banal, nem como acontecimento insuperável do ponto de vista da compreensão/aceitação. Vejamos alguns exemplos.

> Às vezes, a gente até demora um pouco para entender onde foi morar algum desses avós. (*Avôs e avós*)

> Um dia, mamãe me disse que a vida do vovô havia se acabado, assim como secam as flores quando acaba a primavera... Vovô havia morrido... (*Assim era meu avô*)

Nessa mesma direção, em *Vovô foi viajar*, a morte aparece como uma espécie de "acontecimento" pasteurizado pelos adultos, na busca de suavizá-lo para a infância. A criança (neta) indaga sobre o sumiço do avô, e os adultos, com medo de dizerem a verdade sobre a morte dele, criam uma série de metáforas para informar a criança sobre o falecimento. Por exemplo:

> Vovô foi fazer uma viagem. Uma viagem muito longa.

> Acho que foi de trem. Embarcou e foi indo por um trilho comprido, comprido, a perder de vista...

> Bom... foi pra um lugar muito longe. Muito distante daqui. Ele foi num avião muito grande...

A menina, no entanto, percebe as contradições dos adultos ("*Avião? Mas não era trem?*"). No fim da história, a compreensão da morte conduz a menina a assumir um protagonismo inusitado:

> Eu estava na varanda, deitada na rede pensando. Minha mãe tinha falado numa viagem, minha tia falou que era de trem, meu pai achava que era de avião. E a prima da minha mãe que era uma viagem pro céu, depois das nuvens.
>
> Alguém precisava dizer pra eles. Mas tinha mesmo que ser eu? Levantei da rede, suspirei, tomei coragem. Entrei na sala e fui explicar a eles que, de verdade mesmo, meu avô tinha morrido.

O excerto acima nos permite pensar sobre o quanto esconder a morte e torná-la afastada do nosso cotidiano tornou-se uma prerrogativa contemporânea. Para tanto, precisamos confiná-la aos hospitais e deslocar os ritos fúnebres para os locais devidos (capelas, crematórios, cemitérios). Portanto, esconder a morte é

> [...] colocar os doentes terminais aos cuidados de profissionais; confinar os velhos em guetos geriátricos muito antes de eles serem confiados ao cemitério [...]; transferir funerais para longe de locais públicos; moderar a demonstração pública de luto e pesar; explicar psicologicamente os sofrimentos da perda como casos de terapia e problemas de personalidade.[151]

E é, também, torná-la palatável, por meio de estratégias discursivas de suavização.

---

151 Zygmunt Bauman. *O mal-estar da pós-modernidade*. Tradução: Mauro Gama. Rio de Janeiro: Jorge Zahar, 1998. p. 198.

Por outro lado, Debert aponta que "a tendência contemporânea é rever os estereótipos associados ao envelhecimento".[152] Assim sendo, em contrapartida aos exemplos anteriores, a velhice, em alguns livros, é realçada como um valor, como algo positivo, porque depositária da memória, da lembrança, dos ensinamentos. No livro *Menina Nina*, a avó aparece com traços de vitalidade: ela viaja muito, guarda desenhos da neta, coleciona suas frases para recontar aos amigos. No texto, os verbos *remexer*, *descobrir*, *não esquecer* destacam a importância da memória. Os objetos também marcam o movimento, a dinâmica do tempo que transcorre de modo diferente para Nina e para sua avó Vivi. Fotografias, espelho, presentes, viagens fazem parte desse contexto. Há um tempo prospectivo, apontando para o desejo de Nina parecer-se com a avó, ou seja, infância e velhice se entrelaçam na teia dos tempos, na identificação e na diferença: "Eu já sei o que eu vou ser quando crescer. Vou ser você, vó Vivi".

Em *O aniversário da vovó*, a personagem dona Fabíola é também a guardiã das memórias e narrativas do passado (suas, do avô falecido, da bisavó etc.). A experiência vivida é mostrada como um valor cultural, algo a ser exaltado e que ocupa centralidade (é tratada com deferência, atraindo a atenção).

---

152 Guita Grin Debert. *A reinvenção da velhice*: socialização e processos de reprivatização do envelhecimento, cit., p. 14.

Dona Fabíola, a avó aniversariante, é quem relembra, conta aos mais jovens sobre a cidade de São Paulo da década de 1930:

> Dona Fabíola começou a contar histórias do passado. Contou de antigos carnavais, dos corsos na avenida Paulista e na rua Rangel Pestana, dos carros enfeitados, dos confetes, das serpentinas e da alegria.

A memória está presente, então, com sentidos que se opõem: se em alguns textos é herança positiva do envelhecer, em outros, sua manifestação frágil é indício de incapacidade, de impossibilidade no quesito interação social.

10.3 A velhice como um ônus

Não raro, a velhice aparece narrada como um obstáculo, uma perturbação, implicando a necessidade/presença dos "outros": velhos precisam de mais cuidado, de ajuda, de cuidados especiais, que geram custos, paciência e grande envolvimento por parte de familiares e cuidadores. E alguns livros analisados sublinharam a representação da velhice como problema, entrave, constrangimento.

> Na manhã seguinte, vovó tentou comer o guardanapo. Você acredita? Eu precisava tomar conta dela o tempo todo. Foi então que eu compreendi que vovó não estava fazendo palhaçada. Ela estava doente e sua doença a levava a fazer

coisas estranhas.

Hoje vovó não mora mais na sua casa. Ela mora numa casa grande com muitos vovôs e vovós como ela. (*Vovó tem Alzha... o quê?*)

– Você usa muito bem o garfo e a faca! – disse minha mãe, admirada. Cíntia [amiga da neta de vó Ana] sorriu orgulhosa. No mesmo instante, vimos minha vó babar a sopa pelo canto da boca. Mas isso parecia não perturbá-la nem um pouco. Ela continuou deixando a sopa escorrer de sua boca. Cíntia começou a dar risadinhas. (*Minha avó tem Alzheimer*)

10.4 O velho (no caso, a velha) e o desejo de descarte

Esse foi um sentido bastante presente em *Dona Pina e Zé da esquina.* O paratexto da contracapa chama atenção para uma avaliação da narrativa como uma "história comovente", na qual a "canção da vida recomeça".

O livro conta a história de dois processos concomitantes: a expansão urbana representada pela reformulação arquitetônica de uma casa antiga – com meia-água, telhas portuguesas, varanda, jardim com roseiral, muros e portão baixos –, que cede lugar a uma arquitetura moderna, de linhas retas e a gradativa expulsão do velho (pessoa) de seu espaço e vida. A casa, que é vendida, passa por uma reforma;

quando o caminhão vem trazer os móveis novos, os móveis velhos e a proprietária – uma velhinha que tricotava – saem voando pelos ares, sem espaço definido, sem destino. Um menino de rua (engraxate) e uma vizinha são os únicos que reparam no processo de expulsão.

A história é narrada exclusivamente por imagens, que só abrem espaço aos letreiros de uma empresa de demolição (LIMPATUDO) e aos do caminhão de uma empresa de mudanças (*Móveis e decorações "Tudo novo" – Entrega rápida. Tire o velho do seu lar*).

A demolição, aliás, inicia-se com a velha dentro da casa, acuada, observando tudo com medo. Nesse momento, o gradil, de forja artesanal, e as roseiras já ocupam seu lugar na caçamba do entulho. No uso de cores – o céu azul dá lugar ao céu cinza da tempestade – se anuncia a substituição de um espaço/tempo bucólico (da pipa empinada) por um espaço/tempo de descarte (da velha, com seu gato, seus pertences – óculos, tricô, mesa, vaso de flores etc. – voando pelos ares). No caminho, a velha sai do espaço simples da vila para sobrevoar os arranha-céus. Por fim, ela aterrissa na rua, ao lado do menino, que a acolhe (juntando seus pertences) e é por ela acolhido (ela lhe entrega um blusão e oferece colo).

A fabricação de desejos pelo novo, de certo modo, produz a ideia de descarte. De acordo com Sarlo:

> O desejo do novo é, por definição, inextinguível. Em certa medida as vanguardas estéticas

> já sabiam disso, porque uma vez rompidas as comportas da tradição, da religião, das autoridades indiscutíveis, o novo se impõe com seu moto-perpétuo. O mesmo ocorre no mercado ou, melhor dizendo, no mercado mais do que em qualquer outro cenário.[153]

No texto, o mercado impõe o descarte do velho (ou da velha). Mas, no desfecho, "a canção da vida recomeça"... Essa canção do descarte/acolhimento não seria uma metáfora da constante luta pela existência?

10.5 As imagens mostram o que as palavras informam?

Em *Guilherme Augusto de Araújo Fernandes*, assim como em outras obras aqui analisadas, as marcas da decadência se materializam fortemente na imagem, ora pela vestimenta – calças amarradas com cordão, pantufas e meias puídas, anáguas aparentes, gorros gastos, bengalas –, ora pela representação dos corpos – seios flácidos, rugas, corcundas, pálpebras caídas, calvície, bócio. Esse sujeito, ilustrado de diferentes modos, com diferenciadas roupas, nos faz recordar que "a indumentária é um indício muito utilizado para averiguar o caráter do personagem, sua

153 Beatriz Sarlo. *Cenas da vida pós-moderna*: intelectuais, arte, videocultura na Argentina. Rio de Janeiro: UFRJ, 1997. p. 26.

classe social e seu modo de vida".[154] Tudo, enfim, parece indicar um esplendor perdido, delineando a velhice como uma época de derrocada e isolamento.

No livro citado, os velhos do asilo, em várias imagens, compõem a mesma cena, mas estão sozinhos, exceto quando Guilherme está a ouvir e a conversar com Dona Antônia Maria Diniz.

Em *Avôs e avós*, livro no qual um homem conta a historia dos seus avôs e avós, os ícones da velhice se repetem nas imagens amarelecidas: bochechas caídas, grandes bigodes, carros antigos, óculos, xale, grampo.

Tais imagens articuladas às palavras nos fazem pensar em quê? Possivelmente em uma visibilidade estética que parece complementar as características já descritas. As de um cérebro que entra em processo de silêncio, de esvaziamento, deixando de emitir sinais de discernimento. Misturam-se roupas estranhas, acessórios, pensamentos, memórias. Às vezes essas personagens de velhos – em um possível exercício de dissimulação das perdas – aparecem contando suas histórias, meio descosturadas, mas também com fios de coerência. Estariam essas imagens a remontar um tipo de velhice, para que reconheçamos nelas a ameaça desses vazios e silêncios que chegam com a idade avançada – marcas do distanciamento deste mundo – e de uma consequente ausência de papéis sociais?

---

154 Teresa Colomer. *Siete llaves para valorar las historias infantiles*. Madrid: Fundación Germán Sánchez Ruipérez, 2005. p. 122.

Essa ausência parece confirmar-se em *A velhinha na janela*, onde apenas as imagens narram uma velhice despercebida e ignorada por todos, que cruzam por ela, sempre à janela, sem percebê-la. A exceção é uma criança: a menina que repara na velha e com ela compartilha, por meio de brinquedos e lembranças, momentos de uma infância rica em narrativas. Ambas, velha e menina, passam a agregar as demais personagens que, então, entram na trama e "reparam" na velha.

Todavia, nem sempre há sincronia entre imagens e palavras. Assim, em *O ovo e o vovô*, a ilustração do avô, careca, sentado sobre um ovo que aparece já na capa do livro, poderia induzir à ideia de que haveria alguma referência à semelhança física de ambos – velho e ovo. Entretanto, a relação estabelecida pelo texto será de ordem metafórica: não há correlação entre as imagens, mas uma busca por evidenciar as similitudes internas das qualidades de ambos – velho e ovo. Assim,

> Era muito gostoso de estar com o vovô. Por fora, parecia duro como a casca do ovo, mas por dentro era mole, mole, como a clara e a gema.
>
> O vovô David brilhava como o amarelo solar da gema. E era transparente em suas ações, como a clara.

Nas páginas dos textos, histórias e personagens encarnam bastante essa faceta da realidade, muito embora, na atualidade, discursos produzidos pela mídia impressa e televisiva, entre outras instâncias, sejam mobilizadores da chamada reinvenção da velhice.

10.6 Avós: múltiplas facetas

O subtítulo acima tem relação com facetas daquela reinvenção. Debert esclarece-nos esse conceito, discutindo o que denominou de "formas de gestão da velhice".[155] A autora, ao utilizar essa expressão, busca "dar conta do processo pelo qual a velhice é construída como um problema social, construção que orienta práticas visando a uma adaptação bem-sucedida ao envelhecimento". Ela chama atenção para o fato de que tais construções e práticas são constantemente redefinidas e também motivadas por pressões dos que a elas aderem. Veremos, a seguir, um exemplo da velhice abordada com maior pluralidade de traços.

No livro intitulado *Avó*, há diferentes nomeações para essa posição feminina dentro da família: avó, avozinha, vó, vovó, vovozinha. O texto busca não fixar um jeito de ser avó, sendo que as figuras apresentadas são de pessoas mais ou menos velhas. Avós diferentes: velhinha, jovem, moderninha, criançola, companheira e cuidadora dos netos (tem o pijama deles em sua casa, leva-os "pra cá e pra lá..."), brincalhona; há também a que não gosta de

155 Guita Grin Debert. *A reinvenção da velhice*: socialização e processos de reprivatização do envelhecimento, cit., p. 30.

ser chamada de avó. Elas praticam diferentes atividades, avós ativas e cheias de vitalidade: ficam em casa mexendo e remexendo nas coisas, viajam, cozinham, fazem esporte, trabalham na fazenda, vivem no espaço urbano, jogam cartas, produzem DVDs com recordações importantes, fazem crochê; são mais próximas, mais distantes (a que só aparece no Natal, dizendo que o neto cresceu), contam histórias; há também a falecida (a que já "foi embora" e deixou boas lembranças).

O texto, que não constitui uma narrativa e se desenrola com equilíbrio entre palavras e imagens, apresenta metáforas que contrapõem dois mundos femininos distintos: o das habilidades manuais, dos ensinamentos passados de geração a geração (crochê) e o das modernas tecnologias (gravação de DVDs, domínio do computador etc.).

10.7 A velhice para além das tutelas

Em que pese a preocupação que a velhice origina nas famílias representadas em alguns livros, um conjunto de obras apresenta os velhos de um modo francamente positivo. São avôs e avós (e até bisavós) que parecem não necessitar de tutela: autônomos, criativos, indisciplinados até, eles estão além das convenções impostas e se arvoram senhores de si mesmos. Nesse processo, encantam os netos e a infância que com eles convive e, de algum modo, tensionam os discursos dos adultos cuidadores (filhos, genros, noras).

Em *Minha avó é um problema* e também em *Meu avô é um problema*, da conhecida autora Babette Cole, vemos dois avós inusitados. Se, por um lado, os marcadores corporais reforçam os estereótipos, já mencionados, atrelados à velhice (chapéus, coque, óculos no nariz, jaleco, suspensório, entre outros), por outro lado, a transgressão está presente no comportamento. Assim, no desfile das avós, no primeiro livro, no concurso de "Vovó mais Charmosa", a protagonista aparece com calcinha e soutiã, quando as demais avós se apresentam trajadas convencionalmente. Instaura-se um alvoroço, sobretudo na plateia masculina. Vale destacar a mescla de sentidos contrastantes: se no desfile há o sentido inusitado, expresso no comportamento da avó, também a ele se opõem os nomes dados às candidatas (*miss 60 e tantos*, *miss meias-elásticas*, *miss os anos passam*, *miss esquisitice*, *miss vovó gracinha*). Chama a atenção a associação da avó a uma alienígena (será aqui uma voz de reprovação?).

O avô de *Meu avô é um problema* também transgride a seu modo, tendo a bizarrice como companheira de suas criações: como jardineiro ele cria legumes gigantescos que substituem os objetos da vida real (a cadeia é substituída por um pepino gigante).

Os títulos parecem corroborar a ideia de deslocamento de sentidos: ambos, avô e avó, são nomeados como "um problema", pois seus comportamentos perturbam a ordem estabelecida/desejada para alguém "de idade avançada".

Outra obra na qual a transgressão é a marca registrada do protagonista é *Seu Tatá, o distraído*, onde a personagem principal aparece como um professor aposentado de história natural, excêntrico e condescendente com os padrões disciplinares dos netos. Essa representação do professor de Ciências, aliás, reforça uma tendência já apontada em outros estudos. Já na ilustração as diferenças parecem saltar aos olhos: seu Tatá tem um ninho de pássaros no chapéu e parece nem se importar com isso. Em sua casa as coisas não ocupam o lugar esperado: meias caem do relógio de parede, cabides estão dispostos nos quadros, há uma rede feita de lençol, pandorga pendurada no lustre.

Logo na contracapa somos avisados de que em seu mundo existem regras muito claras:

> Brincar até não poder mais, comer o que quiser e na hora que achar melhor. Dormir? Sem horário, no chão, na rede, na janela... (*Seu Tatá, o distraído*.)

Na sua casa pode tudo: os regramentos de horários, alimentação, vestimenta, dentre outros, são constantemente burlados. Para desespero da filha, os netos convivem às mil maravilhas com esse avô diferente, a quem tanto amam.

A disciplina, contudo, não está banida por completo da vida das crianças. No final da obra, existe um paratexto, denominado bate-papo, no qual a autora reforça a noção de que seu Tatá não é um avô-padrão, com um indisfarçável tom pedagógico:

> Seu Tatá não é um avô-padrão. Ele representa o sonho, a poesia, a fantasia. Como tal, está inteiramente fora de qualquer regra ou norma. Fantasia com regras não é fantasia. Mas os netos só vão para sua casa (para o reino de total liberdade e invenção) nos fins de semana e feriados. No resto do tempo eles estão sob os limites da disciplina, cuidados e senso de organização dos pais e, como o texto diz claramente, muito felizes com isso.

Ressaltamos que os paratextos, via de regra, buscam delimitar e apontar formas de interpretação da narrativa principal, não raras vezes fechando a polissemia da narrativa; no caso da literatura para crianças, frequentemente eles são direcionados ao leitor adulto – mães, pais, professoras, vistos como fiadores da leitura infantil.

Outra personagem cativante aparece em *A caligrafia de dona Sofia*. Nesta obra conhecemos dona Sofia que copia poemas por todos os lugares (até na parede de sua casa), remetendo-os para as pessoas de sua cidade. O escritor Elias José, ao apresentar a obra, endossa a importância desse compartilhamento, ao afirmar que "um poema partilhado provoca mais amor, mais amizade".

Também as bisavós são apresentadas como diferenciadas nesse contexto. Em *Bisaliques*, vemos uma bisavó que enfrenta o envelhecimento e a fase do "condor" (conforme palavras da autora) altivamente: ela faz hidroginástica, jardinagem, lê muito e, contrariando a doçura que se anuncia nos óculos e no coque (estereotipados na imagem), tem a língua afiada e pronta para a compreensão de piadas sobre ela mesma.

Essas velhices diferenciadas parecem nos lembrar que há uma dimensão produtiva no envelhecimento que se abre, nessas narrativas, para escolhas mais felizes. Exemplo disso está na obra *Gente de muitos anos*, espécie de "tradução" do estatuto do idoso, endereçada às crianças, onde vemos a imagem de um velho como sujeito de direitos, expressos em escolhas como a de "Descansar ou escolher uma nova profissão mais feliz".

10.8 Palavras finais

Velhice e infância aparecem entrelaçadas em representações e significações: no acervo analisado, onde há um(a) velho(a) há uma criança. Comungam de uma mesma característica: a falta. Para o velho falta aquilo que já se foi (a memória, o tempo o transcorrido, as habilidades, a vida) e para a criança falta aquilo que ainda não chegou (a maturidade, a autonomia, o tempo não vivido, a morte).

Walter Kohan inicia o epílogo do livro *Infância*: entre educação e filosofia (Belo Horizonte: Autêntica, 2003) discutindo os sentidos atribuídos à infância em nossa tradição educacional. Lembra o filósofo francês Lyotard, que se vale das figuras do *man-*

ceps (quem toma algo em suas mãos, quem se apropria ou possui algo ou alguém) e do *mancipium* (que designa o gesto de tomar pela mão e a uma só vez aquele que é tomado pela mão do amo, o escravo, aquele que não pertence a si mesmo, mas pertence a um outro) para analisar uma forma hegemônica de pensar a infância. A infância que depende, que não pertence a si mesma, que não deve permanecer. A infância é associada à imaturidade, à minoridade, e seria um estado do qual se haveria de se emancipar. A emancipação seria o abandono desse lugar, a superação, por assim dizer. Dessa perspectiva, a menoridade é uma figura da incapacidade, no uso das próprias capacidades intelectuais. É o estado de *mancipium*, daquele que escolhe guiar-se pelo entendimento do outro (lembremos essa figura nos processos pedagógicos). Sob essa visão, a infância é uma fase a ser abandonada.

A velhice, por seu turno, é a fase que deve ser evitada: postergada, visto que inevitável. Também como a infância, ela "depende"; em certa medida não pertence a si mesma e não deve chegar.

Mas Kronnòs devorará seus filhos: da passagem do tempo e da finitude, ninguém escapa. É o que nos mostra *Fico à espera*. Durante toda a narrativa vemos um menino à espera (que o bolo esfrie, que o Natal chegue). Esse menino cresce, transforma-se em um homem e a espera prossegue conduzida por um fio vermelho (metáfora do fio da vida?): o sim da amada, a chegada dos filhos, as férias, o pedido de desculpas, a ligação dos filhos.

Novamente, como uma sombra aterrorizadora sobre o sol, a velhice chega, a doença se impõe e a espera passa a ser pelo milagre: de que o médico diga que não é nada, que o sofrimento da amada cesse. Neste ponto, com a chegada da morte, as palavras cedem lugar à imagem que narra sozinha: o fio transforma-se em uma coroa e o silêncio aponta a dor do luto.

Chega aqui outra significação para a velhice: não é o fim da linha, mas um novo começo apontado no livro pela espera do nascimento de um(a) neto(a). A espera parece conduzir também o tempo prospectivo.

Em *Algum dia* a mãe se dirige à filha para externar seus sonhos/planos.

> Às vezes, quando você está dormindo, eu a vejo sonhar, e sonho também...

Esses sonhos expressam a falta do que ainda não foi vivido: as aventuras, a escolarização, o amor, o pesar, a maternidade, expressam até o desejo de uma velhice.

> Algum dia, daqui a muito tempo, seu cabelo prateado brilhará ao sol. E, quando chegar esse dia, meu amor, você se lembrará de mim.

Nessas considerações, apontando a dimensão da falta presente na velhice e na infância, procuramos retomar, de algum modo, os sentidos de dependência/finitude abordados nas obras examinadas, evidenciando suas continuidades e rupturas, a construção de ressignificações que sinalizam a riqueza de possibilidades interpretativas advindas da literatura infantil brasileira contemporânea relacionadas, neste caso, à velhice.

Obras infantis analisadas

ABEELE, V. van de. *Vovó tem Alzha... o quê?* Ilustrações: Claude K. Dubois. São Paulo: FTD, 2007.

ALBISSÚ, N. *Avôs e avós*. Ilustrações: Andréa Vilela; Mirella Spinelli. São Paulo: Cortez, 2005.

ALMEIDA, F. L. *Seu Tatá, o distraído*. Ilustrações: Luiz Maia. São Paulo: Ática, 2009.

BELINKY, T. *Bisaliques*. Ilustrações: Claudia Scatamacchia. São Paulo: Paulus, 2005.

CALI, D. *Fico à espera*. Ilustrações: Serge Bloch. São Paulo: Cosac & Naify, 2007.

CARVALHO, M. *Gente de muitos anos*. Ilustrações: Suzete Armani. Fotografia: Fabio Cerati. Belo Horizonte: Autêntica, 2009.

CHIANCA, R. B.; CHIANCA, L. *O aniversário da vovó*. São Paulo: Ática, 1997.

COLE, B. *Minha avó é um problema*. São Paulo: Companhia das Letrinhas, 2009.

______. *Meu avô é um problema*. São Paulo: Companhia das Letrinhas, 2005.

JUNQUEIRA, S. *A velhinha na janela*. Ilustrações: Mariângela Haddad. Belo Horizonte: Autêntica, 2008.

LINS, G. *Avó*. São Paulo: Globo, 2008.

MCGHEE, A.; REYNOLDS, P. *Algum dia*. Tradução: Monica Stabel. São Paulo: Martins Fontes, 2007.

MEM, F. *Guilherme Augusto Araújo Fernandes*. Ilustrações: Julie Vivas. São Paulo: Brinque-Book, 1995.

MUELLER, D. H. *Minha avó tem Alzheimer*. Ilustrações: Verena Ballhaus. São Paulo: Scipione, 2006.

NEVES, A. *A caligrafia de dona Sofia*. Ilustrações: André Neves. São Paulo: Paulinas, 2006.

PATERNO, S. *Dona Pina e Zé da esquina*. Juiz de Fora: Franco, 2003.

PINTO, Z. A. *Menina Nina*: duas razões para não chorar. 14. ed. São Paulo: Melhoramentos, 2009.

PRATS, J. de D. *Assim era meu avô*. Ilustrações: Gustavo Roldán. São Paulo: Escala Educacional, s/d.
VENEZA, M. *Vovô foi viajar*. Ilustrações: Maurício Veneza. Belo Horizonte: Editora Compor, 1999.
WAJMAN, S. S. *O ovo e o vovô*. Ilustrações: André Neves. São Paulo: Paulinas, 2007.

Para aprofundar conhecimentos e práticas

Sugestão de discussão em espaços de formação de professores (reuniões, seminários de estudo etc.)

A partir das questões abordadas neste texto, convidamos você para refletir sobre a realidade cotidiana da velhice na sua cidade. Para tanto, relembre o contexto dos seus familiares, vizinhos, entre outros; observe as atividades e os espaços desenvolvidos/ocupados pelos velhos/as. Registre esses dados e discuta com seus colegas quais os aspectos positivos e negativos constatados.

Sugestão de práticas pedagógicas

Peça às crianças imagens de velhos/as. Podem ser fotos de família e/ou recortes de revistas e jornais. Selecione com o grupo algumas imagens para ilustrar uma história coletiva, criada pelas crianças. O livro elaborado pode circular pelas famílias, para ser contado pelas crianças e seus familiares.

Peça para cada aluno pesquisar sobre seus antepassados (avós e bisavós): onde nasceram e viveram, em que trabalharam, quantos filhos tiveram. Com esses dados, solicite que os alunos escrevam a história de vida dessas pessoas. Estes textos poderão ser reescritos até uma versão final. Posteriormente, serão agrupados em um livro que contará, parcialmente, fragmentos da história privada da velhice no seu município.

Trabalhe com seus alunos um ou mais livros que tenham personagens velhas – o que, na literatura infantil, geralmente remete a avós. Discuta com eles, em seguida, as formas de representação (nas ilustrações) dessas personagens e as ações que elas realizaram no enredo, para efetuar uma comparação com as experiências deles no convívio cotidiano com avós e outras pessoas idosas.

Referências bibliográficas

ARFUCH, L. (Org.). *Identidades, sujetos y subjetividades*. Buenos Aires: Trama Editorial, 2002.

BAUMAN, Z. *O mal estar da pós-modernidade*. Tradução: Mauro Gama. Rio de Janeiro: Jorge Zahar, 1998.

COLOMER, T. *Siete llaves para valorar las historias infantiles*. Madrid: Fundación Germán Sánchez Ruipérez, 2005.

DALLA ZEN, M. I. H. *"Foi num dia ensolarado que tudo aconteceu"*: práticas culturais em narrativas escolares. Tese de Doutorado em Educação. Programa de Pós-Graduação em Educação da Faculdade de Educação (Faced) da Universidade Federal do Rio Grande do Sul (UFRGS). Porto Alegre: UFRGS, 2006.

DEBERT, G. G. *A reinvenção da velhice*: socialização e processos de reprivatização do envelhecimento. São Paulo: Edusp/ Fapesp, 1999.

KOHAN, W. O. *Infância*: entre educação e filosofia. Belo Horizonte: Autêntica, 2003.

SARLO, B. *Cenas da vida pós-moderna*: intelectuais, arte, videocultura na Argentina. Rio de Janeiro: UFRJ, 1997.

WORTMANN, M. L. Sujeitos estranhos, distraídos, curiosos, inventivos, mas também éticos, confiáveis, desprendidos e abnegados: professores de ciências e cientistas na literatura infantojuvenil. In: SILVEIRA, R. M. H. (Org.). *Professoras que as histórias nos contam*. Rio de Janeiro: DP&A, 2002.

11. Formas do corpo e marcas da diferença: quando as personagens gordas entram em cena

Neste capítulo, nosso intuito é discutir como as diferenças corporais se expressam em obras de literatura infantil que incorporam personagens gordas, verificando discursos e estratégias textuais que acabam por legitimar "verdades" sobre o tema. Se considerarmos o conjunto de representações atuais sobre corpo adequado, belo, saudável, poderemos facilmente constatar que a gordura é associada a uma configuração corporal inadequada, desviante e, por vezes, doentia. E não é apenas nas produções literárias que esta questão vem sendo tematizada – observa-se que, na atualidade, particular atenção é dedicada à questão do "ser gordo", demonstrada em inúmeras produções para a televisão (documentários; reportagens; peças publicitárias oferecendo produtos que prometem colocar sob controle o corpo gordo, entre outras), bem como em filmes atuais, em revistas (impressas ou *online*), em entrevistas, pesquisas e notícias divulgadas em jornais, e em tantos outros artefatos culturais de nosso tempo. Muitas são as formas de representação do ser gordo, e também são comuns as produções que explicitamente visam ensinar a lidar com essa diferença, que, na maioria dos casos, é vista mais como algo a ser banido do que como uma diferença a ser respeitada, tolerada ou compreendida.

Como pressuposto primeiro do trabalho, compartilhamos a concepção do corpo como elemento central na constituição de identidades; é ele superfície de inscrição de marcas que dizem quem somos e a que grupos pertencemos, nos assinalando identidades de gênero, de sexualidade, de idade, de classe social, de etnia, de profissão etc. E essas marcas decorrem, em larga medida, de práticas corporais aprendidas e adquirem significados específicos apenas dentro dos sistemas culturais. Dessa forma, os gestos, as formas de se movimentar e parar, a escolha e o uso de roupas e acessórios, os formatos de muitas partes "modificáveis" do corpo, cheiros e perfumes constituem uma miríade de signos "lidos" conforme a cultura em que se inserem. Não raras vezes escutamos comentários do tipo "ela não deveria usar uma roupa tão justa, que deixa salientes as gordurinhas", ou "miniblusa e *piercing* no umbigo só fica bem em mulheres magrinhas". Tais formulações são alicerçadas numa noção de certo e errado, de normal e desviante que se liga ao corpo e se manifesta, também, em regras sobre como proceder, o que vestir, que ambientes frequentar.

Assim, a dimensão cultural do corpo é indiscutível. E, tal como argumenta Le Breton, o corpo é o traço mais visível, o limite e a possibilidade do indivíduo na relação com o mundo. Contemporaneamente, cada sujeito é impelido a "gerir seu próprio corpo como se gerem outros patrimônios do qual o corpo se diferencia cada vez menos. O corpo tornou-se um empreendimento a ser administrado da melhor maneira possível no interesse do sujeito e de seu sentimento de estética".[156] A aparência, a saúde, a força, a agilidade, o impacto do envelhecer no próprio corpo são vistos hoje como responsabilidade de cada sujeito. Assim, preconizam-se medidas para aprimorá-lo, para modelá-lo, contê-lo, aperfeiçoá-lo, adequá-lo aos padrões ocidentais contemporâneos de "bem-estar" e de "boa forma" física.

Na análise de Couto, o dinamismo é o principal vetor da vida atual e muitas das tecnologias atualmente desenvolvidas dedicam-se a

> colonizar, acelerar e modificar o corpo humano. [...] o que está em questão é o corpo que não cessa de ser modificado, seja na aparência ou nas suas mais íntimas e escondidas dobras. É todo ele, exterior e interior, que precisa ser modificado e acelerado em função de nossas *performances* que se tornam objetos de desejos e devem ser permanentemente realizados.[157]

Modificar o corpo gordo, que em geral é visto como desviante, colocá-lo em movimento, reduzi-lo,

156 David Le Breton. *Adeus ao corpo*: antropologia e sociedade. 3. ed. Campinas: Papirus, 2008. p. 30-31.
157 Edvaldo Souza Couto. Ilusões do corpo sem limites. In: Luís Henrique Sommer; Maria Isabel E. Bujes (Orgs). *Educação e cultura contemporânea*: articulações, provocações e transgressões em novas paisagens. Canoas: Ulbra, 2006. p. 26.

esculpi-lo, lipoaspirá-lo parece ser um imperativo destes tempos. Essas preocupações podem ser pensadas como efeitos de um poderoso discurso que se espraia em nossos tempos, e que nos diz que "a gordura está *no*, mas não é *do* corpo".[158] Sendo estranha ao corpo, a gordura deveria ser vigorosamente combatida e eliminada. Aprendemos cotidianamente, em variadas mensagens e imagens, que o corpo normal e saudável é uma conquista e, para isso, faz-se necessário manter uma constante vigilância sobre o que fazemos ou deixamos de fazer e, especialmente, sobre o que ingerimos ou deixamos de ingerir. Em especial os discursos biomédicos e estéticos, que circulam em diferentes instâncias, identificam o corpo gordo com a negligência do dever pessoal, da responsabilidade de cada um de prolongar ao máximo sua vida e de prover a seu próprio bem-estar.

E os discursos sobre o corpo têm forte implicação na constituição de nossas identidades, uma vez que o corpo vai sendo significado como o que de mais belo e importante possuímos, e cuidar dele significaria o "melhor meio de cuidar de si mesmo, de afirmar a própria personalidade e de se sentir feliz".[159]

Num contexto no qual o corpo "fala" (informa sobre o sujeito e suas supostas qualidades e fragilidades), aqueles que não estão em consonância com os padrões atuais de estética corporal seriam os dife-

---

158 Zygmunt Bauman. *Em busca da política*. Rio de Janeiro: Jorge Zahar, 2000. p. 53.
159 Denise Bernuzzi de Sant'Anna. Descobrir o corpo: uma história sem fim. *Educação&Realidade*, v. 25, n. 2, jul./dez. Porto Alegre: 2000. p. 99.

rentes, os anormais, os desviantes; seriam, em suma, os que não são capazes de responder adequadamente aos apelos culturais e aos discursos contemporâneos. Afinal, aprendemos cotidianamente, por uma série de práticas e de artefatos, que existiriam "marcas" nos corpos que nos dizem, fielmente e quase sem engano, quais deles se enquadram em parâmetros normais, que são saudáveis, belos e desejáveis, e quais representam a antítese desses parâmetros.

11.1 Personagens gordas em produções contemporâneas – alguns estudos

Em primeiro lugar, gostaríamos de retomar alguns aspectos discutidos em outros trabalhos acadêmicos que dizem respeito à diferença marcada no corpo e caracterizada pela gordura. Colocamos em destaque três estudos que se dedicam à análise de produções culturais distintas (de cinema, do ciberespaço e da literatura).

Examinando personagens gordas nas comédias do cinema estadunidense – *O amor é cego* (Direção: Bobby Farrelly; Peter Farrelly. EUA, 2001); *Garotas formosas* (Direção: Nnegest Likké. EUA, 2006) e *Norbit* (Direção: Brian Robbins. EUA, 2007) –, Carvalho mostra como as mulheres gordas são representadas, nessas produções, como "aberrações".[160] Elas seriam

---

160 Eurídice M. de Carvalho. *Pedagogia do cinema em ação*: representações de mulheres gordas em comédias hollywoodianas. Dissertação de Mestrado em Educação. Programa de Pós-Graduação em Educação da Universidade Luterana do Brasil. Porto Alegre: Ulbra, 2009.

"compulsivas", "amorais", animalescas, por um lado, ou "dotadas de beleza interior", "bondosas", amigáveis, de outro. A análise da autora nos leva a pensar nas formas como os recursos humorísticos por vezes funcionam para confirmar e referendar determinadas representações culturais que, em outros contextos, são interditadas e censuradas no discurso.

Valendo-se de postagens feitas em comunidades do Orkut, Camozzato[161] mostra que as postagens feitas por jovens, em especial, estão em sintonia com um imperativo contemporâneo: o da magreza. O que prevalece, em textos escritos na rede social examinada pela pesquisadora, são aprendizagens referentes à busca de emagrecimento e da perfeição corporal, que se dão tanto no ciberespaço como em outros tantos espaços sociais. Mesclam-se, nos textos examinados no trabalho dessa autora, receitas, dicas, conselhos, proposições de como tornar-se (cada vez mais) magro/a, e de como prevenir o "risco" de adquirir um corpo inadequado.

Adentrando o universo das obras de literatura, Martins[162] examina um conjunto de livros de literatura infantojuvenil e propõe a existência de um "dispositivo da magreza" em operação nos livros analisados. Nessa direção, ela mostra que as ilustrações das personagens gordas exibem quase

161 Viviane C. Camozzato. Aprender é fazer de algo, algo seu: práticas de emagrecimento em comunidade do Orkut. *Anais: Seminário Corpo, Gênero e Sexualidade*: discutindo práticas educativas. Porto Alegre: UFRGS, 2007.

162 Jaqueline Martins. *Tudo, menos ser gorda*: a literatura infantojuvenil e o dispositivo da magreza. Dissertação de Mestrado em Educação. Programa de Pós-Graduação em Educação da Faculdade de Educação — Universidade Federal do Rio Grande do Sul. Porto Alegre, 2006.

sempre traços exagerados, contornos que lembram barris, bolas, massas disformes, quase monstruosas. A gordura é vista como equivalente à feiura e, via de regra, constitui o nó principal do enredo, como o "problema" a ser resolvido. Além disso, conforme a autora, às personagens gordas também se atribui a compulsividade – comer exageradamente, de forma irracional, até arrebentar as roupas, até ficar entalado nas portas etc., entre outras situações embaraçosas trazidas nos enredos. A perda de controle sobre as dimensões do corpo, na visão da autora, parece apontar também para um desvio de caráter, já que algumas dessas personagens são descritas, em determinadas circunstâncias, como pouco confiáveis, descontroladas e sem força de vontade.

Instigadas pelas múltiplas possibilidades de enfoque dessa profícua questão, apresentamos neste capítulo uma análise de 10 livros da literatura infantil contemporânea, escolhidos no acervo de nossa pesquisa, que discute como se apresentam, pelas ações e condutas das personagens, determinadas formas de "ser gordo" e certos ensinamentos sobre o corpo e suas formas. Essas análises serão articuladas ao exame de algumas produções feitas por crianças do Ensino Fundamental das três escolas participantes do Projeto, conforme explanado na *Apresentação* e no primeiro capítulo deste livro.

Assim, em *João não cabe mais em seu calção*, obra de Mymi Doinet e já mencionada em capítulos anteriores, o protagonista é um coelhinho comilão que, já no início da história, se depara com o fato de estar gordo, fica triste com deboches e é conduzido, na trama, a assumir um estilo alimentar diferente para perder peso. Já *Samanta gorducha vai ao baile das bruxas*, livro igualmente citado em capítulos anteriores, narra a história de Samanta, uma bruxa que deseja ir a um baile encontrar-se com um príncipe, mas não consegue entrar em nenhum de seus vestidos e, por isso, vai para um spa e emagrece para, então, poder ir ao baile e deliciar-se com as guloseimas que só lá poderiam ser encontradas.[163] *Passarinhar-se, de* Sérgio Napp, apresenta a história de um pássaro chamado Ariosto, gordo desde muito pequeno, que se encanta com Aninha, uma fêmea atraente, dengosa e magra, razão pela qual o protagonista passa a encarar a gordura como problema para o qual precisa encontrar uma solução.

Meu nome não é gorducho, de Shirley Souza, tem como personagem principal um menino chamado Gabriel, que sofre com sua gordura e com as dificuldades que ela acarreta; auxiliado pela amiga Aninha, magrinha, e por um professor, que é o narrador em 1ª pessoa, consegue superar suas principais dificuldades. Já *De cara com o espelho*, de Leonor Corrêa, é composto de sete pequenas histórias que colocam em destaque as dificuldades e os dramas vividos por protagonistas gordos – adolescentes ou

---

163 Os recursos de humor desta obra foram detalhadamente explorados no capítulo 7, *Humor e comicidade em obras da literatura infantil.* Já no capítulo 6, *Interpretações de crianças sobre feminilidade e masculinidade na literatura infantil,* esse livro também foi o ponto de partida para as produções das crianças participantes do projeto relativas a questões do gênero feminino.

crianças – em situações cotidianas urbanas. Outra obra, *Os conselhos de Lobinho: ninguém é perfeito*, consiste em uma espécie de livro de autoajuda para crianças que têm "pequenos defeitos", e que atribui à personagem Lobinho o papel de dar conselhos aos animais com os quais interage, como o clássico Patinho Feio revisitado.

Já em *Tia Anacleta e sua dieta*, escrito por Sylvia Orthof, temos uma protagonista comilona que reclama insistentemente da balança, até que decide internar-se em uma clínica de emagrecimento e, por não obter o resultado esperado, altera a numeração da balança para parecer mais magra. Entretanto, a balança se sente esmagada e se vinga da protagonista, saltando sobre ela e esmagando-a também.

Em *Lady Fofa*, escrito por Carla Yanagiura, narra-se a história de uma "princesa fofa chamada Golda", que não cabia mais em seus vestidinhos e ouvia os lamentos insistentes da mãe. Cansada de tentar convencer a estilista real a fazer roupas de seu tamanho, Golda cria sua própria grife e começa a fabricar vestidos, contando com a ajuda de duas "amas fofas". Ao final da narrativa, Golda reúne as meninas e mulheres fofas do reino e lança a marca Lady Fofa, que se torna o maior sucesso em muitos reinos do mundo todo.

O livro *Corpo de bailarina*, escrito por Sébastien Perez, apresenta uma protagonista menina que adora dançar balé e que, para isso, precisa manter-se sempre magrinha, resistindo aos pratos deliciosos feitos pela mãe. As lições sobre a "boa forma" se explicitam na dieta da menina e também nos acontecimentos que envolvem seu irmão, um menino gordo, que é chamado de balofo pelos colegas de escola. Por fim, em *Fada Fofa em Paris*, também de autoria de Sylvia Orthof, a protagonista é apresentada como sendo exageradamente gorda, "com sua pança rosada", e na trama ela viaja para Paris e visita pontos turísticos como a Torre Eiffel e o Arco do Triunfo, envolvendo-se em situações vexatórias e humorísticas.

Na análise dos livros brevemente descritos acima, consideraremos algumas estratégias textuais utilizadas para apresentar o gordo como uma personagem "diferente"; as formas como ele é descrito; a maneira como a questão "ser gordo" se insere nas ações do enredo e no nó narrativo, bem como no desfecho e nas soluções para o problema. Assim, procuramos examinar como as obras de literatura infantil incorporam discursos correntes sobre o "ser gordo", como os transformam e os adaptam para um texto marcado pela "minoridade" do leitor preferencial; também olhamos para a articulação dessas soluções com traços tradicionais da literatura para crianças (personagens crianças ou personagens animais, uso de humor, preferência por final feliz, por exemplo).

Destacaremos, a seguir, três estratégias utilizadas nas obras para caracterizar as personagens gordas e para transmitir ensinamentos aos pequenos leitores sobre o corpo e suas formas.

11.2 Primeira estratégia: os protagonistas são vistos pelos outros como gordos

Nos enredos da grande maioria das obras analisadas, observa-se que é por meio de uma rede de relações com as demais personagens que os protagonistas reconhecem sua condição de corpo gordo/ corpo desviante. No segundo conto de *De cara com o espelho*, por exemplo, são as zombarias impiedosas do tio que irritam Duda, fazendo-o olhar para si mesmo. Em uma passagem, lê-se: "Duda levantou-se da cama, abriu o guarda-roupa e ficou se olhando no espelho. Só ele e o espelho. Teve coragem, levantou a camiseta e encarou os pneus...". Numa das ilustrações correspondentes ao conto, o ilustrador se vale da concretização metafórica daquela que é a ofensa mais pesada do tio: efetivamente, o que se vê é um *pneu* de automóvel, repousando sobre duas pequenas pernas. De certa maneira, também o texto imagético acentua a conscientização do menino de que seu corpo é/se identifica com um grande pneu. Na história *Apaixonado por você mesmo*, desse mesmo livro, a protagonista Bia, desapontada com o namoro de sua paixão secreta, Nando, com uma linda e magra menina, envergonha-se de sua pretensão e mergulha em uma profunda tristeza. Na imagem que ilustra esta cena, Bia está abraçada ao travesseiro, chorando; por trás de sua cabeça, vê-se um corpo volumoso estendido sobre a cama e, acima, uma grande sombra amplia a imagem, estende a silhueta avantajada pela parede do quarto e acentua o tamanho do corpo.

Já em *Meu nome não é gorducho*, Biel é o protagonista gordo e sofre com a zombaria dos colegas de escola; mesmo reagindo a ela, entristece-se e distrai-se com a ingestão de grande quantidade de comida. As ilustrações acentuam o contraste entre o corpo redondo e volumoso de Biel e a esbeltez dos colegas e da amiga Aninha, que é representada imageticamente como negra, diferença que, entretanto, não lhe traz qualquer constrangimento ou problema no mundo ficcional. Na mesma linha, *João não cabe mais em seu calção* apresenta o coelhinho João sofrendo com a zombaria tanto dos colegas, na ocasião em que entra numa piscina, quanto da irmã, que o desenha com um corpo em formato de balão. A exemplo dos personagens das outras histórias, a tristeza leva-o a comer mais e mais. Podemos ver esses elementos também em *Lady Fofa*; neste caso, são as irmãs da protagonista que zombam dela, afirmando, por exemplo: "olha lá quem vem vindo: a rolha de poço"; "irmãzinha, não fique triste, elefanta não usa vestido mesmo". Não apenas os textos verbais informam sobre o riso de zombaria, como também as ilustrações de algumas dessas obras – nelas, vemos personagens magras rindo dos protagonistas, o que reforça a noção de que ter um corpo gordo seria, por si só, algo vexatório.

Em *Fada Fofa em Paris*, o próprio leitor é impelido a fazer juízos de valor em relação à gordura da protagonista – a Fada Fofa. Exemplo disso é a pergunta lançada pelo narrador na primeira página da narrativa, na qual a protagonista dirige-se a uma farmácia para aferir seu peso: "Será que a Fada Fofa conseguiu passar por esta porta?". Embora seja escrita em tom jocoso, há, em toda a obra, certo sentido depreciativo que se manifesta não apenas na zombaria de outros personagens, mas também em expressões utilizadas pelo narrador, tais como "quanto peito, quanta pança", "Fofa, nervosa, com sua pança rosada..."; "fada Fofa (que surpresa) foi passar, mas ficou presa no arco, toda entalada!"; "pra desencravar a gorducha não adianta puxa e puxa". Vale ressaltar que os nomes escolhidos para os protagonistas já funcionam como marcas da diferença corporal. *Fada Fofa*, *Golda* e *Samanta gorducha* são alguns exemplos.

Considerando o conjunto de elementos destacados até aqui, pode-se afirmar que o binômio magro-gordo é recorrente e simplificado. Malgrado o gradiente de possibilidades que se situam entre "ser magro" e "ser gordo", não é possível constatar grandes variações na conduta dos protagonistas e em suas maneiras de ver/sentir e estabelecer relações com as outras personagens. O "magro", em tal binômio, é tomado como padrão e referência: tornar-se magro é o ideal a ser perseguido. É importante relembrar, no entanto, que, se identidade e diferença são interdependentes, o "ser magro" só se define em contraste com o "ser gordo" e se torna referência porque representa um atributo positivo que se torna "carência" no outro. Reforça-se, enfim, nas narrativas, a naturalização da magreza como condição "normal" do corpo e a da gordura, como desvio.

11.3 Segunda estratégia: os protagonistas reconhecem a gordura como um problema

Como já comentamos, uma das estratégias utilizadas para realçar a diferença na personagem gorda é colocá-la em oposição à personagem magra, dentro do binômio magro-gordo, na caracterização de personagens. Assim, no primeiro conto do livro *De cara com o espelho*, a protagonista é Bia, uma adolescente baixinha, gordinha, que usa "ferro nos dentes" e não é notada por Nando, objeto de uma paixão secreta. Quando ele começa a namorar outra menina, Bia é confrontada com o seu oposto – a menina é uma "gata", tem "altura e cintura", longos cabelos delineando um corpo atraente e "sem ferro nos dentes".

Biel, protagonista de *Meu nome não é gorducho*, tem como melhor amiga Aninha, menina baixinha e magrinha, algo como seu oposto. Biel recebe apelidos de seus colegas – baleia, bolota, gordo, gordinho, gorducho – e detesta ser alvo de gozações, especialmente quando não consegue realizar as atividades e brincadeiras no colégio. Aninha, por sua vez, mesmo apelidada de espeto, palito e magrela, não se importa com os cognomes e aprecia ser magra porque quer ser artista de circo.

Já no livro *Passarinhar-se*, Ariosto se dá conta de que é um pássaro gordo no momento em que não consegue realizar tarefas como voar, jogar bola, enquanto seus amigos se divertem juntos. E, em *Os conselhos de Lobinho: ninguém é perfeito*, a focalização do "ser gordo" vem sob o subtítulo "A forma perfeita", em que o narrador adulto descreve: "O porquinho Lelo gostaria de ser magro como seu amigo Cachorrinho-do-mato que, ao contrário, gostaria de ser um pouco mais gordo. E assim ambos são tristes e insatisfeitos sem nenhuma razão".

Nesse livro, em particular, a oposição gordo--magro não é manifestamente desfavorável ao "ser gordo", mas é importante apontar que, na alusão ao "problema", feita por meio de pequeno texto e de ilustrações com animais, não são exploradas as especificidades e dificuldades do "ser gordo" e do "ser magro" na vida real, digamos.

Ariosto, protagonista de *Passarinhar-se*, se dá conta de que precisa emagrecer quando não consegue acompanhar Aninha em voos românticos e terá de deixá-la se não conseguir voar em uma longa viagem de férias. A ilustração mostra Ariosto diante de um espelho, vendo refletida a imagem de um porco, pela primeira vez – informa o texto – ele não achou nenhuma graça em ser "fofinho".

A comparação com os colegas, a atenção que o corpo chama por seu "desvio"; a imagem implacável no espelho; o calção que não fecha; o galho da árvore que quebra; a balança que se vinga esmagando a personagem; o vexame de ficar "entalada" no Arco do Triunfo são situações que ensinam às personagens (e também aos leitores!) que "ser gordo" é um problema. Essas narrativas mostram que é necessário, antes de tudo, que o sujeito gordo se dê conta de que seu corpo é diferente. O "dar-se conta do problema" parece constituir o primeiro passo da redenção e do caminho que supostamente conduziria à solução do problema.

Conforme se pôde acompanhar pelas referências até agora feitas aos livros, tanto na apresentação das personagens, quanto nas situações em que elas são envolvidas – sem esquecer as imagens ilustrativas – estabelecem-se algumas constantes de caracterização para os corpos gordos: volumosos, disformes, eles trazem problemas, dificultando a realização de tarefas que parecem corriqueiras para os sujeitos magros; são objeto de sarcasmo, de piadas, sofrem humilhações, e esta é a razão dos conflitos vividos pelos protagonistas. Na esteira desses significados sobre gordura, institui-se também um perfil de sujeito – compulsivo, comilão, atrapalhado, desajustado, imaturo, instável.

Há, contudo, certa crítica à exagerada busca por "manter a forma", que pode ser observada na obra *Corpo de bailarina*: a narrativa mostra como Heloísa Boa Vida, a protagonista, está convencida de que precisa se manter muito magra para poder dançar e, por ter uma família gorda, esforça-se para se manter longe de tudo o que aprendeu a classificar como calórico. Tentando vencer um concurso, ela ensaia exaustivamente, deixa de se alimentar para manter o corpo "em forma", enfraquece, desmaia e acorda no hospital, com toda a família apreensiva ao seu redor. Aprende, então, a importância de manter uma dieta equilibrada e saudável.

Vale ressaltar, para finalizar esta seção, que em duas obras analisadas a gordura não é um problema *per se*, mas impossibilita que as personagens obtenham algo que desejam. É o caso de *Samanta gorducha vai ao baile das bruxas*, no qual, como já vimos, a protagonista se submete a um regime alimentar e a uma rotina de exercícios para emagrecer porque precisa "caber" em um dos vestidos disponíveis em uma loja para ir a um baile para o qual foi convidada. Também em *Lady Fofa*, embora Golda seja vítima de zombaria e se sinta infeliz com sua condição corporal, a razão principal de sua tristeza é o fato de não mais poder vestir seus "vestidinhos de princesa", situação que se resolve quando ela cria sua própria grife e produz vestidos de todos os tamanhos.

11.4 Terceira estratégia: resolução do conflito pelo emagrecimento ou pela aceitação da conformação corporal

A solução para os conflitos vividos pelas personagens dessas histórias é apresentada em duas direções. A primeira é a aceitação de si mesmo e de seu corpo, e a segunda é a supressão do desvio, ou seja, o emagrecimento. Por vezes, as duas soluções coexistem e a segunda é amenizada: o protagonista está em processo de perda de peso.

Em *Os conselhos de Lobinho: ninguém é perfeito*, por exemplo, os conselhos do Lobinho sinalizam para a aceitação da natureza de cada um – "Devemos aprender a nos aceitar como somos, se quisermos que aqueles que estão ao nosso lado façam o mesmo" (p. 24), mas também para a possibilidade de modificação: "Sim, algum retoque é sempre possível, e às vezes até útil, mas o importante é não perder tempo sonhando em ser outra pessoa!". Uma das páginas que abordam a "forma perfeita" traz uma ilustração de um porquinho (tradicional ícone da obesidade...) lambendo os beiços e colocando a pata em um bolo; o alerta verbal indica a interpretação da ilustração: "No entanto... não piore a situação para ter uma desculpa para lamentar-se ainda mais da sua aparência".

A exemplo de outros livros infantis que tematizam as diferenças de maneira abrangente e, portanto, precisam encontrar um denominador comum, uma "lição que sirva para todas elas", esta obra sintetiza sua "ajuda" nas últimas palavras do texto principal: "Aprenda a viver com os seus defeitos/e a respeitar os defeitos dos outros".

A autoaceitação é o grande conselho pedagógico que explicitamente atravessa as páginas, dirigindo-se tanto aos "feios", com orelhas de abano, aparelhos nos dentes, estrábicos, quanto aos que têm problemas de fala, são gordos ou canhotos, com uma ligeira abertura para eventuais correções: um aparelho nos dentes, óculos, frequência à fonoaudióloga etc. A exemplo dos livros de autoajuda para adultos, descritos por Silva, também este de alguma maneira se dirige à vida íntima e privada. O autor destaca que "nossa vida privada, o mais íntimo de nosso eu é o alvo de um arsenal imenso de técnicas, estratégias, táticas, métodos, que são manejados por um exército imenso e diversificado de especialistas da alma humana".[164]

Ao que parece, em alguns casos os autores de livros para crianças assumem o lugar de "especialistas da alma humana", ensinando como exercer sobre si um cuidado, ou definindo qual seria a "boa conduta" para manter um corpo adequado socialmente. Em certos casos, os conselhos são apresentados na forma de relato autobiográfico. Por exemplo, em *De cara com o espelho*, no paratexto intitulado *Autora e obra*, afirma-se que a autora "viveu, na pele e no peso, o preconceito, os apelidos, a insegurança e os 'etcéteras' de estar sempre fora do padrão de beleza". Afirma que sua intenção é colaborar para "o crescimento sadio do corpo e da mente da garotada de hoje que vê a vida passar na tela da tevê". A apresentação do livro é feita por Fausto Silva, o conhecido Faustão, apresentador da TV brasileira, que aconselha: "todo gordinho deve fazer um bom tratamento, desde pequeno, mas sem ficar doidão, estressado ou escravo da balança e das regras de beleza". Para isso, ele sugere que os gordinhos contem com "a ajuda do seu professor, dos seus pais, de uma tia amiga, de um médico".

As narrativas apresentam, assim, outra forma de solução para os conflitos vividos pelas personagens:

---

164 Tomaz Tadeu da Silva. Pedagogia e autoajuda: o que sua autoestima tem a ver com o poder? In: Saraí Schmidt (Org.). *A educação em tempos de globalização*. Rio de Janeiro: DP&A, 2001. p. 42.

perder peso, a partir de distintos procedimentos. Em *Passarinhar-se*, o protagonista Ariosto é incentivado por Aninha a buscar ajuda

> e foi o que ele fez. Consultou um endocrinologista e procurou um *personal trainer*. Olha aí o Ariosto fazendo ginástica, gente! Caminhando trinta minutos pelo telhado (...) fazendo flexões! Levantando peso! E o melhor: deixando a televisão de lado e diminuindo os pratos de alpiste e o número de minhocas!

Pequenas ilustrações, como numa história em quadrinhos, mostram a personagem em movimento, embora com expressão de sofrimento. No entanto, o resultado é destacado na ilustração seguinte, que ocupa grande parte da página: Ariosto está magro, sorridente, altivo, garboso!

No caso de João, de *João não cabe mais em seu calção*, as constantes zombarias da irmã e a bronca da mãe levam-no à decisão de fazer uma dieta. As atitudes do protagonista e as regras da nova conduta são assim descritas: "chega de tanta bolacha e bolo, sua sobremesa predileta"; "no almoço, ele tenta comer uma cenoura"; "a ordem agora é comer verduras"; "João se delicia com seu novo lanche: torta de cenoura picada"; "E, pra variar, sanduíche sem pão: por fora só presunto, por dentro só salada". Também a compulsão da personagem parece ter sido revertida quando, no seu aniversário, ele ganha um bolo, pega "um pedaço e mastiga bem devagar. Vai mais um? – alguém oferece. Ele diz: – Que nada!". O resultado desse esforço é destacado em gravura da última página do livro, no qual se pode ver João saltando na piscina. O texto verbal anuncia: "João sobe na balança. Ufa! Emagreceu mais um quilo! Perdeu a pança! Comer direito faz ele sentir o maior orgulho!".

E há, ainda, outra forma de solucionar o conflito principal, que escapa às fórmulas e receitas de emagrecimento (imediato ou gradativo). Trata-se daqueles desfechos em que a gordura não é tomada como problema e os protagonistas encontram saídas para se tornarem aceitos sem mudar a conformação corporal (como ocorre com Golda, quando cria a grife Lady Fofa), ou em que o emagrecimento é um meio e não um fim (é o caso de Samanta gorducha, e seu afã por comer as guloseimas especiais servidas no baile da bruxas).

11.5 Negociações, diálogos, produções de sentido em textos de crianças

Pois bem: depois dessa incursão por entre narrativas que colocam em destaque personagens gordas em alguns livros de literatura para crianças, passamos a apresentar e a comentar brevemente pequenos textos redigidos por alunos envolvidos no Projeto, em duas escolas de Ensino Fundamental – uma em cenário urbano e outra na zona rural.

Nessas escolas, foram apresentadas duas obras que tematizam o "ser gordo" – *João não cabe mais no seu calção* e *Samanta gorducha vai ao baile das bruxas*. Detemo-nos particularmente em uma atividade desenvolvida após a leitura da segunda obra mencionada.

Inicialmente, uma pesquisadora procedeu à leitura da história, enquanto outro pesquisador exibia as ilustrações de cada uma das páginas da obra. Vale relembrar que esta narrativa apresenta duas alternativas para o desfecho – na primeira, Samanta vai ao baile e encontra Bóris, o bruxo mais bonito do baile, e este afirma que, finalmente, encontrou seu par e a convida para dançar. Ajusta-se, assim, a narrativa ao *script* dos contos de fadas (há, no final dessa página da obra, uma advertência: "Caro leitor, caso seja esse o final que você esperava, feche o livro e não leia mais nada."). Já o segundo desfecho é anunciado pela resposta dada por Samanta a Bóris, quando ele a convida para dançar: "Eu não fiz esse sacrifício todo por causa de uma dança boba. E Samanta correu para a mesa". A ilustração mostra a bruxa comendo até rasgar seu vestido de baile e a narrativa termina da seguinte forma: "Isso é o que eu chamo de um final feliz. Vocês não acham?".

Considerando, então, que se trata de uma história sem desfecho único, optou-se por interromper a leitura no momento da narrativa em que Samanta chega ao baile e desce de sua carruagem de bruxa e propor uma atividade que permitisse observar como as crianças finalizariam a narrativa. Para tanto, cada criança recebeu uma ficha com a seguinte proposição: "Escreva um final feliz para a história de Samanta gorducha." Depois de todas as crianças produzirem e apresentarem seus desfechos, o livro foi retomado e lido até a última parte.

Interessante observar que algumas crianças reconheceram semelhanças entre suas produções e um ou outro dos finais propostos na obra, e isso gerou muita animação por parte do grupo.

Apresentamos, de modo sucinto, alguns dos desfechos elaborados pelas crianças, agrupando-os, para efeitos de análise, em quatro conjuntos. Um primeiro conjunto diz respeito aos desfechos que seguiram o *script* de contos de fada, sugerido na própria obra, apresentando um final feliz vinculado ao amor romântico. Alguns exemplos: *"encontrou um namorado"*; *"conheceu um bruxo chamado Merlin e namorou ele"*; *"o príncipe ficou encantado com ela"*; *"o príncipe achou a Samanta bonita e vistosa"*; *"o príncipe se apaixonou por ela [...] e eles foram morar juntos"*; *"o rei convidou ela pra dançar e disse 'Samanta você está magra e linda e vai ganhar um beijo com muito carinho e amor'"*; *"se casaram, ficaram bilhonários [sic] e foram felizes"*; *"se casou e teve filhos"*; *"ela encontrou um namorado porque estava muito linda e ele era lindo também"*; *"o príncipe gostou dela e depois ela virou uma princesa"*; *"e se casaram e tiveram dois bebês e o príncipe virou rei e ela virou rainha"*; *"Samanta virou rainha e tiveram muitos filhos"*.

Um segundo conjunto de desfechos produzidos pelas crianças acentua a magreza como atributo positivo e como conquista que gera, para a protagonista, uma série de recompensas. Alguns destaques que vão nesta direção: *"todos os homens se interessaram por ela, até os que eram casados se separaram para ter uma oportunidade com ela"*; *"deram parabéns para Samanta porque ela estava magra, ela comeu, mas não era gordura, era apenas uma maçã"*; *"ela se achou linda no vestido e nunca mais engordou"*; *"todas as mulheres ficaram com inveja do vestido PP dela"*; *"ela foi eleita a bruxa mais bonita da festa"*; *"ela está magra até hoje e ganhou um carro e está na lua de mel e está no Japão"*; *"Samanta entrou no baile e perdeu o vestido, de tão magra e aí o príncipe quis dançar com ela e os dois se casaram"*.

Um terceiro conjunto reúne os finais nos quais a protagonista volta a engordar: *"Samanta chegou ao baile e aí começou a comer tudo e ela começou a engordar e o príncipe não gostou e aí ele despejou ela da festa, mas aí ela olhou para o lado, viu outra festa para gordos e foi bem feliz para a festa"*; *"ela engordou de tanto comer bolo"*; *"Samanta ficou comendo demais na festa de Bóris, ele achou que ela era magra mas viu que era gorda e feia. Acabou a festa do príncipe e ele ficou com vergonha"*. Note-se que, nestes casos, há um acento na noção de magreza como desejável, pois o fato de a protagonista engordar traz, na maioria dos desfechos, consequências desagradáveis, como vergonha, à exceção daquele em que ela encontra outra festa "de gordos" e tem a chance de se divertir, mesmo sendo expulsa do baile "oficial".

Por fim, um quarto conjunto de desfechos inventados pelas crianças apela para finais mais abertos ou inusitados. Destacam-se alguns exemplos: *"ela desceu do carro e estava tudo bem, mas daí ela tropeçou no vestido e ela caiu em cima de uma jarra de suco de uva, mas ela tinha um vestido reserva e ela botou e eles continuaram a dançar e se divertiram bastante"* – neste caso, a criança lança mão, no desfecho, de recursos humorísticos, seguindo a tendência da narrativa apresentada. O próximo exemplo traz o inusitado e rompe com o *script* de contos de fadas: *"ela foi para o baile e depois foi para o castelo de carro, ela foi morar no castelo sozinha porque o príncipe morreu"*. Já no desfecho que se segue, embora se possa observar a manutenção do *script* de contos de fadas, a criança realiza uma inversão que acentua a noção de gordura como problemática: "*Samanta gorducha se casou com o príncipe e eles viveram felizes, ela ficou sempre magra e o príncipe ficou um gorducho*". Por último, há um desfecho que se expressa na forma de diálogo e que permite pensar nas "lições aprendidas" com a história:

> Ela chegou e ganhou um convite:
> – Samanta, vamos malhar para ficar elegante?
> E daí, ele:
> – Vamos nos casar?
> – Príncipe, você é lindo!

Para finalizar, vale acrescentar que a noção de desfecho (ou de final) de uma narrativa parece clara para as crianças; uma vez que se tratava de uma narrativa ficcional, a maioria delas marcou o término de sua produção com a fórmula de fechamento "*e vive-*

ram felizes para sempre", mesmo quando o desfecho não era assim tão favorável para a protagonista.

11.6 Palavras finais (Fechando o percurso)

Por meio da análise dos dez livros infantis selecionados e de algumas produções feitas por crianças dos anos iniciais, provocadas pela exploração de um dos livros que versavam sobre o tema, foi possível observar como são colocados em circulação saberes e maneiras de falar sobre a gordura, articulados à preocupação em ensinar aos leitores como evitar o desvio, como aceitar sua condição "diferente" ou como corrigir o "problema" da gordura. Se retomarmos as considerações feitas inicialmente sobre o corpo, ficará bastante evidente que as representações que se produzem nas obras de literatura examinadas estão em sintonia com uma preocupação social mais ampla – um imperativo da magreza que se define e se fortalece em diferentes espaços e instâncias de nossa cultura.

Observa-se, contudo, que a obra *Samanta gorducha vai ao baile das bruxas*, trabalhada com as crianças do projeto, foge à mesmice da maioria das obras, apresentando uma estrutura narrativa aberta à polissemia. Na obra são utilizados recursos humorísticos que oferecem certo grau de abertura e favorecem a interação criativa do leitor na produção de sentidos. Esse aspecto pode ser observado, por exemplo, na variedade de desfechos propostos pelas crianças, antes mesmo de saberem que havia duas alternativas de desfecho possíveis. Conclui-se, por fim, que as ilustrações da obra potencializam e ampliam os sentidos do texto verbal, podendo oferecer aos leitores um leque de outros significados e leituras possíveis. Ainda assim, observa-se, nas proposições das crianças, que certas "verdades" correntes sobre o corpo, sobre a saúde, sobre a beleza vão sendo acionadas, definindo lugares e possibilidades para a protagonista e, talvez, para elas mesmas.

Obras infantis analisadas

CORRÊA, L. *De cara com o espelho*. São Paulo: Moderna, 2003.

DOINET, M. *João não cabe mais em seu calção*. Ilustrações: Nonou. São Paulo: Larousse do Brasil, 2004.

GOMBOLI, M. *Os conselhos de Lobinho*: ninguém é perfeito. 3. ed. Ilustrações: Tato. São Paulo: Paulus, 2004.

NAPP, S. *Passarinhar-se*. Ilustrações: Sérgio Napp. Porto Alegre: WS Editor, 2006.

ORTHOF, S. *Tia Anacleta e sua dieta*. Ilustrações: Sylvia Orthof. São Paulo: Paulinas, 1994.

_______. *Fada Fofa em Paris*. 2. ed. Ilustrações: Sylvia Orthof. Rio de Janeiro: Nova Fronteira, 2009.

PEREZ, S. *Corpo de bailarina*. Ilustrações: Justine Bax. São Paulo: Nova Alexandria, 2010.

SOUZA, S. *Meu nome não é gorducho*. São Paulo: Escala Educacional, 2008.

TWINN, M. *Samanta gorducha vai ao baile das bruxas*. Ilustrações: Kathryn Meyrik. São Paulo: Brinque-Book, 1995.

YANAGIURA, C. *Lady Fofa*. Ilustrações: Fernanda Morais. Rio de Janeiro: Escrita Fina, 2010.

Para aprofundar conhecimentos e práticas

Sugestão de reflexão e análise individual ou em grupo

Assista a um filme no qual sejam apresentados protagonistas gordos e pense nas formas como, nessa e em produções culturais semelhantes, o corpo gordo vai sendo narrado e posicionado, levando em conta as discussões propostas neste capítulo.

Localize, na biblioteca de sua escola, livros com personagens gordas e realize uma breve análise dessas obras, prestando atenção aos aspectos destacados a seguir:

- *Quais os nomes das personagens gordas (eventualmente, que apelidos elas têm e que insultos recebem); o que fazem, como se comportam, em que ações estão envolvidas;*
- *Como as histórias terminam (que soluções são apresentadas nas histórias em que a gordura é tratada como problema?);*
- *Quanto às ilustrações, preste atenção ao modo como são desenhadas as personagens gordas, verificando as marcas da diferença presentes no corpo dessas personagens;*
- *Quanto aos paratextos, verifique quais são as informações complementares apresentadas, como elas se relacionam com as narrativas principais e também como elas descrevem e posicionam o "ser gordo".*

Sugestão de prática pedagógica

A partir da análise que você fez, crie atividades para trabalhar uma dessas obras com seus alunos. Escolha uma obra que não criminalize o "ser gordo" e não equipare o "ser magro", simplesmente, a "ser feliz", "ser belo", "ter virtudes".

Converse com os alunos sobre as formas como as pessoas gordas são apresentadas em diferentes produções da televisão e do cinema, procurando mostrar diferentes formas dessa abordagem. Nas discussões que ocorrerem em sala de aula, atente para a sensibilidade dos alunos que se enquadram nessa "diferença", para que não sejam objeto de zombaria e não se reforce esse tipo de comportamento intimidatório e preconceituoso.

Referências bibliográficas

BAUMAN, Z. *Em busca da política*. Rio de Janeiro: Jorge Zahar, 2000.

CAMOZZATO, V. C. Aprender é fazer de algo, algo seu: práticas de emagrecimento em comunidade do Orkut. *Anais – Seminário Corpo, Gênero Sexualidade*: discutindo práticas educativas. Porto Alegre: UFRGS, 2007.

CARVALHO, E. M. *Pedagogia do cinema em ação*: representações de mulheres gordas em comédias hollywoodianas. Dissertação de Mestrado em Educação. Programa de Pós-Graduação em Educação da Universidade Luterana do Brasil. Porto Alegre: Ulbra, 2009.

COUTO, E. S. Ilusões do corpo sem limites. In: SOMMER, L. H.; BUJES, M. I. E. (Orgs.). *Educação e cultura contemporânea*: articulações, provocações e transgressões em novas paisagens. Canoas: Ulbra, 2006.

FRAGA, A. B. Cultivo dos corpos e cultura sedentária. In: SOMMER, L. H.; BUJES, M. I. E. (Orgs.). *Educação e cultura contemporânea*: articulações, provocações e transgressões em novas paisagens. Canoas: Ulbra, 2006.

LE BRETON, D. *Adeus ao corpo*: antropologia e sociedade. 3. ed. Campinas: Papirus, 2008.

MARTINS, J. *Tudo, menos ser gorda*: a literatura infantojuvenil e o dispositivo da magreza. Dissertação de Mestrado em Educação. Programa de Pós-Graduação em Educação da Faculdade de Educação (Faced) da Universidade Federal do Rio Grande do Sul (UFRGS). Porto Alegre, 2006.

SANT'ANNA, D. B. de. Descobrir o corpo: uma história sem fim. *Educação & Realidade*, v. 25, n. 2, jul./dez. Porto Alegre, 2000.

SILVA, T. T. da. Pedagogia e autoajuda: o que sua autoestima tem a ver com o poder? In: SCHMIDT, S. (Org.). *A educação em tempos de globalização*. Rio: DP&A, 2001.

Notas sobre os autores

Rosa Maria Hessel Silveira

Licenciada e mestre em Letras e doutora em Educação pela UFRGS. É professora colaboradora convidada do Programa de Pós-Graduação em Educação da UFRGS, atuando principalmente nos seguintes temas: narrativas, identidades, leitura, diferenças, literatura infantil e Estudos Culturais. Organizou os livros: *Professoras que as histórias nos contam* (DP&A, 2002); *Cultura, poder e educação* (editora da Ulbra em 2005 e 2011) e *Estudos Culturais para professor@s* (editora da Ulbra, 2008). É pesquisadora 1D do CNPq.

Edgar Roberto Kirchof

Doutor em Teoria da Literatura pela PUC/RS e atua há vários anos como professor nas áreas de Letras e Educação. Seus principais temas de interesse são Literatura, Semiótica, Estética e Estudos Culturais. Entre suas principais publicações estão os livros: *A estética antes da estética*; *Estética e Semiótica*; *Estética e Biossemiótica*.

Gládis Kaercher

Licenciada em Letras pela UFRGS, mestre e doutora em Educação pela UFRGS. Atualmente, é professora adjunta do Departamento de Estudos Especializados da Faculdade de Educação/UFRGS, com atuação e pesquisa focadas, principalmente, nos seguintes temas: infância, literatura infantil e diferenças étnico-raciais. É autora de capítulos em livros como *Alfabeletrar*: fundamentos e práticas (Porto Alegre: Mediação, 2010), *Professoras que as histórias nos contam* (Rio de Janeiro: DP&A, 2002) e *Pedagogias sem fronteiras* (Canoas: Ulbra, 2010), entre outros. Tem publicado artigos sobre os temas citados em revistas e coletâneas da área.

Iara Tatiana Bonin

Graduada em Pedagogia pela Universidade Federal de Santa Catarina (UFSC), mestre em Educação pela Universidade de Brasília (UnB) e Doutora em Educação pela Universidade Federal do Rio Grande do Sul (UFRGS). Atualmente, é coordenadora do Programa de Pós-Graduação em Educação da Universidade Luterana do Brasil (Ulbra) e professora do curso de Pedagogia da mesma universidade. Organizou, em parceria com Maria Isabel Bujes, o livro *Pedagogias sem fronteiras* (Ulbra, 2010). Tem-se dedicado aos temas das diferenças, identidades e questões indígenas.

Maria Isabel Dalla Zen

Graduada em Letras pela PUC/RS, mestre e doutora em Educação pela UFRGS. Atualmente, é professora associada do Departamento de Ensino e Currículo da Faculdade de Educação/UFRGS, com atuação e pesquisa focadas principalmente nos seguintes temas: literatura infantil, leitura e produção textual. Publicou *Histórias de leitura na vida e na escola*: uma abordagem linguística, pedagógica e sociocultural (Porto Alegre: Mediação, 1997). Coordena a Série Projetos & Práticas Pedagógicas, da mesma editora, e é uma das organizadoras do livro *Alfabeletrar*: fundamentos e práticas (Porto Alegre: Mediação, 2010). Tem publicado artigos sobre os temas citados em revistas e coletâneas da área.

Carolina Hessel Silveira

Mestre em Educação pela Universidade Federal de Santa Catarina (2006) e doutoranda em Educação pela Universidade Federal de Rio Grande do Sul (UFRGS). Seus principais temas de interesse são cultura e literatura surda, e ensino de Libras. É professora assistente na área de Libras na UFRGS e tem publicado artigos de sua área em coletâneas sobre surdez e revistas do campo.

Daniela Ripoll

Licenciada em Ciências Biológicas pela Universidade Federal do Rio Grande do Sul (UFRGS), mestre e doutora em Educação pela Universidade Federal do Rio Grande do Sul (UFRGS). Atualmente, é professora do Curso de Ciências Biológicas e do Programa de Pós-Graduação em Educação da Universidade Luterana do Brasil (Ulbra). Tem publicado artigos sobre Estudos Culturais e Educação em Ciências e Biologia em revistas da área da Educação.

Letícia Fonseca Richthofen de Freitas

Licenciada em Letras pela Pontifícia Universidade Católica do Rio Grande do Sul (1992), mestre e doutora em Educação pela Universidade Federal do Rio Grande do Sul, com pós-doutorado na mesma instituição. Atualmente, é professora adjunta na Faculdade de Letras e Programa de Pós-Graduação em Letras da Universidade Federal de Pelotas. Desenvolve pesquisas na interface das áreas de Educação e de Letras.